엄마도
아빠도
육아휴직 중

엄마도 아빠도 육아휴직 중

박봉 공무원 부부가 들려주는 공동육아 이야기

초 판 1쇄 2024년 11월 08일

지은이 김호종
펴낸이 류종렬

펴낸곳 미다스북스
본부장 임종익
편집장 이다경, 김가영
디자인 윤가희, 임인영
책임진행 안채원, 이예나, 김요섭, 김은진, 장민주

등록 2001년 3월 21일 제2001-000040호
주소 서울시 마포구 양화로 133 서교타워 711호
전화 02) 322-7802~3
팩스 02) 6007-1845
블로그 http://blog.naver.com/midasbooks
전자주소 midasbooks@hanmail.net
페이스북 https://www.facebook.com/midasbooks425
인스타그램 https://www.instagram.com/midasbooks

박봉 공무원 부부가 들려주는 공동육아 이야기

엄마도
아빠도
육아휴직 중

김호종 지음

미다스북스

프롤로그

  아빠의 육아휴직. 어떻게 생각하세요? "남자가 무슨 육아휴직이야!", "여자만 쓰는 거 아닌가?", "좋은 제도긴 한데, 현실적으로 남자가 사용하긴 좀 어렵지 않나?" 이런 생각이 머릿속에 먼저 떠오르실 겁니다. 이와 다르게 직장을 다니며 아이를 키우는 아빠라면 "나도 육아휴직 하고 싶다."라는 기분 좋은 상상을 하실 분도 계실 것 같습니다.

  최근 들어 아이와의 더 깊은 유대감 형성을 위해 육아

휴직을 사용하는 남성의 수가 점점 늘어나고 있습니다. 여성가족부에서 최근 발표한 육아휴직 급여 수령 통계 수치에 따르면 2023년 육아휴직 급여 수급자 12만 6천 명 중 남성 비율이 28%로 2015년보다 5배 증가했다고 합니다. 거스를 수 없는 시대 흐름에 따라 남성에게도 육아휴직 기회가 주어졌지만 실제로 육아휴직을 사용하기에는 현실이 녹록지 않습니다.

여러 요인이 있겠지만 여성의 육아휴직에 비해 남성의 육아휴직을 더욱 엄격한 잣대로 바라보는 시선도 한몫하고 있습니다. 육아휴직을 사용하는 남성들을 우스갯소리로 '승진을 포기한 사람, 조직 생활에 피해를 주는 사람' 심지어 '퇴사까지 각오한 사람'이라고 부르는 경우도 다반사입니다.

앞서 말한 이 부분은 육아휴직에 상대적으로 관대한 공무원 조직에서조차 마찬가지입니다. 정부와 여러 지방자치단체가 앞장서 일과 가정의 양립을 지원하기 위한 다양한 제도를 내놓고 있지만, 여전히 남성 공무원의 육아휴직 비중은 여성과 비교했을 때 한참 못 미치는 수준입니다. 내외부적인 시선에 의해 세상 모든 아빠에게 당연하고 평범한 육아휴직은 이 세상 어디에도 없어 보입니다.

일반화하긴 어렵지만, 아빠들은 대개 집안의 가장일 가능성이 높습니다. 명색이 가장이란 가정을 이끌어가는 리더로서 물질적ㆍ정신적으로 가족의 포괄적인 안전을 책임지는 사람입니다. 이런 한 집안의 가장이 갑자기 육아휴직을 한다는 것은 정말이지 쉽지 않은 결정입니다.

맞벌이가 필수인 것만 같은 현대 사회는 아이를 키우기 굉장히 부담되는 세상입니다. 자장면 한 그릇에 9천 원인 요즘 시대에 천정부지로 치솟는 물가와 아이를 낳고 기르는 부대비용까지 생각하면 부부가 함께 육아휴직을 한다는 것은 어쩌면 말도 안 되는 망상일지도 모릅니다. 동반 육아휴직을 계획했던 맞벌이 부부들도 이내 현실과 타협하게 될 심산이 농후합니다.

부부 모두가 육아휴직 중인 상황을 가정해 보겠습니다. 당장 가계 수입은 반토막 날 게 뻔해 보이고 회사에서 알게 모르게 주어지는 불리한 페널티 또한 감내해야 합니다. 이 모든 것을 감당할 수 있는 대한민국의 아빠가 세상에 몇이나 될까요? 그만큼 자신이 가진 많은 것들을 내려놓아야만 아빠는 육아휴직을 사용할 기회를 얻게 됩니다.

현실 그리고 부모님조차 말리는 상황을 뒤로하고 저희 부부는 '동반 육아휴직'을 단행했습니다. 아빠로서 가정을 포기했다기보다 오히려 가정을 단단하게 만들기 위해 육아휴직을 결심했습니다. 조금 과격한 말로 '미친 거 아니야?'라고 말씀하시는 분도 계시리라 생각됩니다만, 가족과 육아에 집중하기 위해 제가 가진 모든 것을 잠깐 내려놓았습니다.

가만히 생각해 보겠습니다. 아이는 엄마가 혼자 낳은 것이 아닙니다. 부부의 사랑으로 맺어진 결실입니다. 그렇다면 부부 모두는 아이를 양육할 당연한 의무가 발생합니다. 엄마만 '독박 육아'를 했던 쌍팔년도를 지나 이제는 부부가 함께 아이를 양육해야 하는 당연한 시대가 도래한 것입니다.

아내의 적극적인 제안으로 육아휴직 전선에 뛰어들었습니다. 심지어 저조차 '남자가 무슨 육아휴직이야.'라는 고정관념을 무너뜨리는 데 정말 오랜 시간이 걸렸지만, 결론적으로 잊지 못할 시간을 선사해 준 아내에게 늘 고마움을 전하고 있습니다. 한편 개인적으로는 육아휴직이 제 인생에 없었더라면 제 안의 또 다른 나를 찾는 시간 또한 더욱 오랜 기간이 걸렸을 것 같습니다.

박봉 공무원 부부의 무려 1년 6개월간의 동반 육아휴직 여정의 기록을 전부 담아냈습니다. 동반 육아휴직을 결심한 계기와 준비 과정 그리고 마음 한편에 간직하고 있던 육아휴직 기간의 에피소드를 가감 없이 풀어냈습니다. 혹시나 동반 육아휴직을 계획하고 있을 부모님들께 제가 겪었던 여러 시행착오와 소중한 경험을 전달하고 싶습니다.

만약 '공무원이니까 가능했던 거 아닌가?'라고 생각하고 계신 분이 있다면 그에 앞서 어떤 과정으로 부부가 동반 육아휴직에 임하게 됐는지 글을 통해 고민해 주시고 공동 육아를 통해 부모에게 어떤 발전이 있었는지 긍정적으로 바라봐 주시길 희망합니다.

마지막으로 힘에 부칠 수 있는 육아의 세계에서 부부가 함께 힘을 모아 헤쳐 나갈 수 있도록 동반 육아휴직이라는 크나큰 기회를 제공해 준 우리 딸아이에게 진심으로 감사함을 전합니다. 육아휴직을 같이 하자며 지독하게 남편을 설득한 우리 아내 그리고 박봉 공무원 부부의 동반 육아휴직 이야기를 세상에 풀어낼 수 있도록 기회를 제공해 준 미다스북스에도 감사의 말을 전합니다. 끝으로 아이를 키우고 계신 대한민국의 모든 부모님께 존경과 경의를 표합니다.

목차

2장 공무원 아빠도 육아휴직 준비 완료!

1장

아니 잠깐만,
같이 육아휴직 하자고?

도전은 인생을 흥미롭게 만들며,
도전의 극복이 인생을 의미 있게 한다.

조슈아 J. 마린 *Joshua J. Marine*

달 두 달 흘러갔습니다.

조바심이라는 녀석 덕분에 시간이 지날수록 이상한 생각들이 머릿속을 채워갔습니다. '나한테 무슨 문제 있는 건가?' 싶기도 하고 '아내가 난임인가? 시술 같은 걸 준비해야 하는 건 아닐까?' 하면서 별의별 생각이 다 들었습니다. '마음만 먹으면 임신 정도야 당연히 가능하지!'라고 당차게 외쳐대던 저도 자신감을 잃어갔습니다. 임신은 시간 문제라고만 생각했던 임신 계획이 조금씩 틀어지고 있었습니다.

서너 달이 지난 이후부터는 아내에게 "나는 아이가 없어도 우리 둘이 알콩달콩 잘 살 수 있을 것 같아."라는 말도 이따금 꺼내는 제 모습을 발견했습니다. 그만큼 새로운 생명이 저희 부부에게 쉽게 찾아오지 않았습니다. 실제로 어느 조사에 따르면 가임기 부부의 약 15%가 난임으로 고생하고 있다고 합니다. 그만큼 부모가 되는 것 자체가 시작부터 쉽지 않은 요즘입니다. 아이를 준비하는 부

아니 잠깐만, 같이 육아휴직 하자고?

부들에게는 임신 자체가 굉장한 축복입니다. 세상에 마음대로 되지 않는 일이 수두룩한데 임신을 당연하게 생각했던 제가 멍청했습니다.

매달 얇고 기다란 플라스틱 임신 테스트기 하나에 부부의 관심이 초집중됐습니다. '이번에는 제발! 제발!'하면서 말입니다. 그렇게 6개월간의 시간이 흘렀습니다. 자포자기 상태로 지쳐가던 2021년 12월의 어느 날, 저희 부부에게 크리스마스 선물 하나가 도착했습니다. 바로 아내의 임신 선물입니다. 미치고 팔딱 뛰게 기분 좋았습니다. 6개월이라는 시간이 걸렸습니다. 짧고 굵은 기간이었지만 그토록 무언가를 염원했던 시기는 제 인생에 손에 꼽을 정도입니다. 간절했던 부부의 염원을 담아 아이의 태명은 '호랑이해에 떡하니 태어나라.'라는 의미로 '호떡이'로 정했습니다.

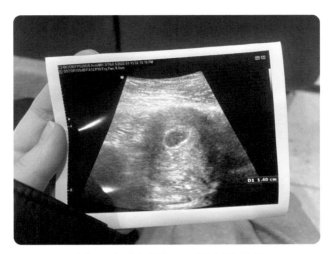

이제는 두 식구에서 세 식구로 – 호떡이 초음파 사진

저희 가족은 이제 호떡이를 포함해 둘이 아닌 셋으로 늘어났습니다.

아이가 저희에게 찾아왔다는 기쁨도 잠시, 고민에 고민을 더하는 문제들이 연이어 꼬리를 물고 나타나기 시작했습니다.

2.

우리 같이 육아휴직 할까?

아내의 임신을 산부인과에서 확인하고 임신 확인서도 발급받았습니다. 초반에는 부부에게 아이가 생겼다는 사실이 실감 나지 않았습니다. 아내의 몸에 뚜렷한 변화도 보이지 않았고 산부인과에서는 아기 사진이라고 전해준 콩알만 한 사진 한 장이 전부였으니 말입니다. 그러던 중 '가족이 셋이 됐구나!'라고 확실하게 경험한 사건 하나가 바로 출퇴근길에서 벌어집니다.

저희 부부의 직장은 모두 서울에 있습니다. 그 덕에 출·퇴근에만 약 3시간을 대중교통 또는 자동차 안에서 소비하곤 했습니다. 아내가 임신하면서부터는 자연스레 자동차로 출·퇴근하는 날이 많아졌습니다. 이 시간이 아내에게 곤욕이 될 거라는 걸 저는 왜 진작 몰랐을까 싶습니다.

임신부는 보통 11~13주 사이에 입덧을 시작한다고 합니다. 저희 아내는 자동차를 오랜 시간 타고 있으면 간혹 멀미하는 습관이 있었습니다. 그런데 임신하고 본격적으로 입덧을 시작하게 되니 더욱 난감한 상황에 부닥치게 됐습니다. 출·퇴근길 조수석에 앉아 있던 아내는 좌석 등받이를 기울여 침대 삼아 누워 있는 시간이 많아졌습니다. 헛구역질하는 날도 빈번해 항상 검정 비닐봉지를 차 안에 비치해 뒀던 기억이 납니다.

이런 상황에서 제가 해줄 수 있는 것은 배 속의 아이와 산모가 조금 더 따뜻하게 이동할 수 있도록 좌석을 미리 데워놓거나 조수석을 최대한 뒤로 젖혀 이동하는 것 그리고 방어 운전하는 정도가 제가 할 수 있는 최선이었습니다. 아이가 엄마의 힘듦을 알아서였는지는 몰라도 아내의 입덧은 생각보다 짧게 끝이 났습니다. 그러던 어느 날, 평소와 다름없는 퇴근길 차 안에서 문득 아내가 웃으며 이런 말을 꺼냈습니다.

"우리 같이 육아휴직 할까?"
"뭐… 뭐라고? 뭐 하자고?"
"동반 육아휴직 말이야. 같이 육아하면 우리나 아이에게 더 의미 있지 않을까?"

처음에는 농담인 줄 알았습니다. 근데 이 사람은 꽤 진지해 보였습니다.

생애 결코 단 한 번도 생각해 본 적 없었던 동반 육아휴직. 실제로 아내가 육아휴직을 사용한 후 복직할 시기에 맞추어 교대로 육아휴직을 사용할 계획은 이따금 해본 적 있었지만, 부부가 동시에 육아휴직을 한다는 생각은 정말 단 한 번도 해본 적 없었습니다. 말이 안 되는 소리 같아 보였습니다.

　대한민국의 남자라면 '아빠의 육아휴직'에 대해 당연하게 받아들이는 분, 그리 많지 않을 것입니다. 아빠가 육아휴직을 사용한다는 것은 회사에서는 받는 월급을 포기하는 것이고 다른 한편으로는 회사 내에서 경력과 승진이라는 기회를 포기해야 한다는 소리와 같기 때문입니다. 이런 모든 조건을 알고서나 하는 말인지 당돌한 아내는 제게 동반 육아휴직 하자는 말을 툭 하고 던진 겁니다.

　어떻게 반응해야 할지 감이 오지 않았습니다. 진담인가 싶으면서도 반사적으로 내뱉었습니다.

　"그건 안 돼."라는 제 대답에 아내가 연이어 물었습니다.
"왜? 안 돼?"
"둘 다 휴직하면 돈은 누가 벌어? 숨만 쉬어도 나가는 돈이 얼만데."

"그래도 같이 육아휴직 하면 좋을 것 같은데…."

이후로 주저리주저리 같이 육아휴직을 할 수 없는 이유
에 대한 변명을 늘어놨습니다. 설령 육아휴직을 같이 할
수 있는 조건이 된다더라도 현실적으로 용기 내기란 쉽지
않았습니다. 부부 모두 육아휴직을 한다면 수입이 당장
확연하게 줄어들고, 회사에서는 제가 휴직하는 기간만큼
동료들과 격차가 벌어질 게 안 봐도 뻔해 보였으니 말입
니다.

속마음이야 저도 당연히 "그래! 그러자!"라며 육아휴직
을 사용하고 싶었습니다. 당시 회사에 골치 아픈 업무도
있어 스트레스도 이만저만이 아니었기 때문입니다. 이상
하게 피로도 쉽게 풀리지 않는 날들의 연속이어서 당장이
라도 쉬고 싶은 마음은 굴뚝같았습니다. 그렇다고 육아휴
직이 마냥 쉰다는 말은 절대 아닙니다.

업무 스트레스로 인해 큰 사고가 날 뻔한 적도 있었습니다. 교차로에서 운전하던 중 업무를 어떻게 처리할지 고민하다 교통신호를 제때 보지 못해 측면에서 다가오던 차량과 부딪힐 뻔하기도 했습니다. 그 당시 차량이 브레이크를 밟아 멈추지 않았더라면 저는 아마 큰 사고가 났을 겁니다. 들이받았다면 어땠을지 상상도 하기 싫습니다.

그래도 일단 저는 '돈 벌어야 한다.'는 가장의 책임감을 더 우선시했습니다. '자본주의에 무릎 꿇은 아빠의 책임감'이라는 말이 더 어울릴 것 같기도 합니다. 평소에도 가끔은 아내가 육아휴직 들어갈 경우를 대비해 외벌이 상황의 가계 수입을 그려본 적은 있었습니다. 외벌이 상태로 전환된다면 조금 빠듯하긴 하겠지만 1년 정도는 버틸 수 있을 것 같았습니다. 그렇지만 동반 육아휴직은 당시 제 기준에서는 당치도 않는 소리였습니다.

부부가 제아무리 돈을 절약하더라도 육아휴직을 동시에 하게 되면 수입이 절반 이상으로 줄어듭니다. 그건 제 기준에서 정말 말도 안 되는 이야기였습니다. 월 100만 원이 넘는 주택담보대출 상환 비용과 기본적으로 들어가는 생활비 그리고 양육비까지 감당해야 하니 말입니다. 맞벌이로 그나마 감당이 가능한 상황이었는데 혼자도 아닌 동시에 육아휴직을 하자니 제 머리로는 도저히 이해가 안 됐습니다.

  퇴근길 늦은 저녁의 어느 날, 아내가 제게 건넨 한마디에 머릿속이 복잡해졌습니다. 같이 육아휴직 하자는 아내의 말은 단칼에 거절했지만, 속으로는 사실 '나도 육아휴직 하고 싶긴 한데, 그게 가능하긴 한 걸까?'라는 생각이 스쳤습니다. 그 이후 한동안 동반 육아휴직에 대한 별다른 언급 없이 보통날의 평온한 출퇴근길이 이어졌습니다.

우리 같이 육아휴직 할까? – 고민이 깊던 어느 밤

아니 잠깐만, 같이 육아휴직 하자고?

3.

마른하늘에 날벼락

임신부는 정기적으로 산부인과를 방문해 아이의 건강 상태 등을 확인하며 성장 과정을 관찰합니다. 임신 초기에는 산전 검사, 복부초음파 검사 등을 진행하고, 임신 중기가 시작되는 12주부터는 아기의 상태를 조금 더 면밀하게 관찰하기 위해 다양한 검사가 추가로 진행됩니다.

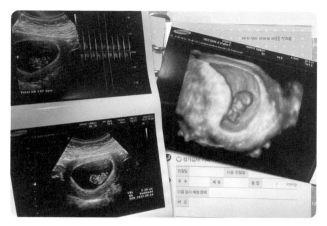

마른하늘에 날벼락 – 젤리곰 같은 호떡이

　임신 초기, 산부인과를 방문할 때마다 의사 선생님께서 임신한 아내의 몸 상태도 좋고 배 속 아이 또한 잘 자라주고 있다고 해주신 말 한마디에 두근거렸던 마음이 이내 진정되곤 했습니다. 콩알같이 보이던 아이가 젤리곰 같이 변화하고 성장하는 모습이 신기했습니다. 검사 후 병원을 나올 때마다 일부러 덤덤한 척 아내에게는 "거봐, 별일 없잖아."라고 말하던 저였지만 실은 아내와 함께 산부인과를 방문하는 날은 언제나 긴장되기 마련이었습니다. 한

아니 잠깐만, 같이 육아휴직 하자고?

아이의 아빠인데, 자식이 건강하게 자라주길 바라는 마음이 드는 건 세상 당연한 일이니 말입니다.

시간이 흘러 아내가 임신한 지도 어느덧 20주 차가 되었습니다. 12주 차에 있었던 1차 기형아 검사와 얼마 뒤 이어진 2차 기형아 검사까지 무사히 마친 후 받게 된 이번 검진은 정밀 입체 초음파 검사로 태아의 상태를 면밀하게 관찰하는 날이었습니다. 머리 크기는 어느 정도인지, 팔과 다리, 손가락, 발가락은 등은 잘 자라고 있는지 자세히 살펴보는 것입니다. 정말 운이 좋다면 입체적인 형태의 아이 얼굴도 어렴풋이나마 보게 될 좋은 기회였습니다.

"우리 호떡이 건강하게 자라고 있겠지?"라는 기대 가득한 대화를 나누며 산부인과에 들어섰습니다. 검진 접수 후 기다림에 얼마의 시간이 지나 드디어 저희 차례가 찾아왔습니다. 아내가 자리에 눕고 간호사님께서 정밀 초음파를 통해 아이의 상태를 자세히 살폈습니다. 머리 크기, 아이의 발가락 그리고 손가락 개수를 하나씩 확인하며 이상 없이 아주 잘 자라주고 있다고 말했습니다. "심장도 아주 잘 뛰고 있네요."를 비롯해 여느 날 평소 들었던 말들과 다르지 않았습니다. 검진 모니터를 보면서 저희 부부는 안도감에 해맑은 웃음도 간간이 지었습니다. 건강하게 자라주고 있는 아이에게 감사했던지 아내는 연신 눈물을 보였습니다.

그런데 궁금한 게 하나 있었습니다. 아이는 과연 누굴 닮았을까요? 간호사님께 조심스레 물어봤습니다. "아이 얼굴을 확인할 순 없을까요?" 간호사님께서는 아이가 부끄러운지 손으로 얼굴을 가리고 있어 잘 보이질 않는다는 말만 되풀이하셨습니다. 행여나 자세를 바꾸면 아기 얼굴이 보일까, 아내는 자세를 이리도 해보고 저렇게 해봐도 아이는 얼굴을 쉽게 보여주지 않았습니다. 아쉬웠지만 별수 없었습니다.

그렇게 정밀 초음파를 마치고 담당 의사 선생님을 만나러 갔습니다. 의사 선생님의 소견이 이어졌습니다.

"아기는 대부분 정상적으로 잘 자라고 있습니다. 다만."
'다만? 무슨 소리지.'

'다만'이라는 단어가 왠지 마음에 걸렸습니다. 어떤 말이 이어질지 이내 귀를 기울였습니다. 연이어 조심스럽게 말을 떼셨습니다. 의사 선생님은 저희 딸아이가 특별한 아이라고 말했습니다. 다른 말로 하면 조금 아픈 아이라고 하셨습니다.

두근거리는 심장을 뒤로하고 아이가 어디가 어떻게 아픈지 물어봤습니다. 의사 선생님은 아이가 뇌 질환이 있거나 다운증후군과 같은 고위험 질환에는 해당하지 않지만, 외형적으로 구순구개열 증상이 보이는 것 같다고 말씀해 주셨습니다.

혹시 '구순구개열'이라는 단어 살면서 들어본 적 있으신가요? 저는 태어나서 처음 들어봤습니다. 토끼의 입과 같이 생겼다고 해서 '토순'이라고 불리기도 하고 옛날에는

'언청이'라고 불리기도 했답니다. 백과사전에서는 '선천적으로 윗입술이나 입천장이 갈라진 선천적 기형'이라 정의되어 있습니다.

"그게 저희 딸아이에게 있다는 건가요?" 순간 머리가 띵했습니다. 아내는 이내 울음을 터뜨리기 시작했습니다. 추가로 수술을 받고 치료만 잘 받으면 일상 생활하는 데 큰 지장이 없을 거라는 의사 선생님의 말씀이 이어졌지만, 전혀 귀에 전혀 들어오지 않았습니다. '내 아이에게 선천적 기형이 있다고? 말도 안 돼. 세상에 이런 일이.' 아빠인 제 감정이 이 정도인데 배 속에 아이를 품고 있는 아내에게는 더욱더 큰 슬픔이 짙게 드리웠을 것입니다.

병원 가는 길은 분명히 새파란 하늘이었는데 진료실을 나오니 어느새 노란빛으로 물들어 있었습니다. 돌아오는 내내 차 안에서 참았던 눈물을 훔치며 집에 돌아왔던 기억이 납니다. 제가 그렇게 눈물이 많은 사람은 아닌데 그날만큼은 주체가 안 됐습니다. 혹시 울면서 운전해 본 적 있으신가요? 장마철 아무리 세게 와이퍼를 닦아내도 비 때문에 좀처럼 닦이지 않는 유리창처럼 앞이 잘 안 보였습니다. 그렇게 눈물, 콧물 쏙 빼며 저희는 집으로 돌아왔습니다.

900분의 1 확률로 구순구개열을 지닌 아이가 태어난다고 합니다. 그런데 왜 하필 우리 아기가 구순구개열이라는 질환을 감당해야 했는지 도무지 답을 찾기 어려웠습니다. 어떻게 부모님에게 말씀드려야 할지도 모르겠고 심지어 극단적 생각을 하기도 했습니다. 그렇게 멍하니 시간이 흘러갔습니다. 그날 늦은 오후 귀가를 한 저희는 팅팅 부은 눈으로 팅팅 불어 터진 짜장라면을 먹었습니다. 요즘에도 그 음식을 먹을 때마다 당시의 순간과 감정이 떠오르곤 합니다. 지금 와서 생각해 보면 전혀 그럴 필요가 없었는데 말입니다. 왜 그랬는지 모르겠습니다. 이렇게 예쁘고 건강하게 자라주는 딸아이를 두고 말입니다.

4.

안녕, 호떡아

　아이가 건강하게 태어나는 게 세상 당연한 일인 줄 알았는데, 세상에 당연한 일은 하나도 없었습니다. 아내와 잠 못 이루며 몇 날 며칠을 고민하다 굳은 결심으로 아이 낳기를 결정했습니다. 일단 아이가 고위험군의 질환에 해당하지 않고 구순구개열이라는 질환은 시의적절한 수술과 꾸준한 치료만 이어진다면 나중에 우리 아이도 여느 또래 아이들과 같이 평범하게 지낼 수 있으리라고 생각했습니다. 더불어 부모가 마음을 굳게 먹고 성장 과정 중에 아이의 자존감을 드높여 줄 수만 있다면 세상 누구보다 예쁘고 씩씩한 딸아이로 자랄 수 있을 것이라는 기대감도 함께 했습니다.

그날로 아내는 같은 질환을 앓고 있는 부모들이 모여 있는 한 온라인 카페에 가입해 어떤 과정을 거쳐 아이가 수술받고 회복하는지 등의 과정을 공부하기 시작했습니다. 카페에서 정말 다양한 분들의 사연을 접할 수 있었는데, 저희와 같은 상황을 먼저 이겨내신 분들의 글을 읽을수록 용기가 샘솟았습니다. 관련 글들을 하나씩 읽어 내려가며 '우리 아이도 이렇게 될 거야.'라는 굳은 믿음과 결의도 다시금 다졌습니다.

한편 임신 주차가 상당 기간 흐르며 아내의 배가 불러 가는 만큼 호떡이도 함께 폭풍 성장해 나갔습니다. 우리 아기를 여봐란듯이 키워야겠다는 마음도 함께 성장했음은 물론입니다. 아내의 배가 불러올수록 아이에게 괜스레 미안한 마음이 들었습니다. 아무것도 모르는 태아는 엄마

뱃속에서 쑥쑥 잘 자라고 있는데 부모라는 사람들이 오히려 '우리 아이 어떻게 키우지?' 하며 걱정만 사서하고 있었습니다. 뭐든 마음먹기 마련인데 말입니다.

이 시기 양가 부모님들께도 아이의 아픈 소식을 전하게 됐습니다. 의외로 저희 부모님께서는 담담하게 저희 부부에게 이런 말을 해주셨습니다. "900분의 1로 특별한 아이가 태어난다고 했지? 그럼 호떡이 덕분에 다른 아이들은 조금 더 일찍 건강한 모습으로 살아갈 수 있겠다."라고 말입니다. 손주가 아프다는 소식을 전했음에도 일부러 무덤덤하게 말하는 부모님 모습에 가슴이 뭉클했습니다. 장모님께서도 감당할 수 있는 부모에게만 주는 특권이라며 용기를 북돋아 주셨습니다. 그렇게 저희는 양가 부모님의 완벽한 지지와 신뢰를 받으며 용기를 얻어갔습니다. 우리 아이는 특별한 아이니까, 아주 잠시만 다른 아이들과 다르게 키워내면 되는 법이었습니다.

지역 산부인과에서 작성해 준 소견서를 받아 구순구개

열 수술로 유명한 서울아산병원으로 진료처를 옮기게 됐습니다. 병원 갈 때마다 긴장되는 건 여전했지만 다행스럽게 다른 질환이 추가로 발견되진 않았습니다. 시간이 흘러 어느덧 9월이 다가왔습니다. 아내는 자연분만으로 아이를 낳기 원했기에 9월 중순의 어느 날을 유도분만일로 잡았습니다. 아내의 출산 예정일도 5일 앞으로 성큼 다가왔습니다. 아이는 엄마 배를 쿵쿵 차면서 세상 밖으로 나올 준비를 마쳤습니다. 어느 때 아이가 나와도 이상하지 않은 출산기가 도래한 것입니다.

추석을 앞둔 2022년 9월 9일 새벽의 어느 날, 아내가 제게 배가 살살 아프다고 말했습니다. 출산을 위한 가진통이 본격적으로 시작된 것입니다. 호떡이가 세상 밖으로 나올 순간이 코앞으로 다가오고 있었습니다. 미리 준비한 짐을 차에 싣고 서울까지 전속력으로 질주했습니다. 출산 과정에서 겪은 특별한 에피소드 하나가 있습니다. 2022년 당시에는 코로나 여파가 끝나지 않은 상황이어서 병원 내 일반인의 출입 통제가 엄격했던 시기였습니다. 환자와 함께 보호자가 병원에 상주하려면 '코로나 검사 음성 결과서' 제출이 필수였습니다.

그런데 저는 이 때문에 출산을 위해 입원한 아내와 바로 함께할 수 없었습니다. 갑작스러운 아내의 입원으로 사전에 코로나 검사를 미리 받아두지 못한 탓에 코로나 검사 결과서를 제출할 수 없었기 때문입니다. 제 불찰이었습니다. 그렇게 병원 내 검사소에서 코로나 검사를 받고 8시간을 대기했습니다.

이 말은 아내 홀로 8시간이나 출산에 대한 두려움을 안고 있었다는 소리인데, 2년이란 시간이 훌쩍 지났지만 아직도 미안하고 앞으로도 미안한 마음은 사라지지 않을 것 같습니다.

80시간 같은 8시간을 보내고 코로나 검사 음성 결과를 통보받았습니다. 그 길로 아내가 있는 병실로 달려가 남은 출산 과정에 함께 했습니다. 아내는 제왕절개보다 자연분만이 아이에게 좋다는 소리를 들었다며 결국 자연분만을 선택했습니다. 본인이 감당할 아픔보다 아이의 건강을 더 먼저 생각했던 것 아닐까 싶습니다. 진통이 심해지는 마지막 순간까지도 아내는 제 앞에서 끝까지 웃음을 잃지 않으려 했습니다. 세상의 모든 엄마는 정말 위대합니다.

2022년 9월 9일 16시 34분. 12시간의 진통 끝으로 3.49kg의 건강한 딸아이가 울음을 터뜨리며 세상 밖으로 나왔습니다. 아내 말로는 축구공 아니 농구공이 몸에서 나오는 듯한 기분이라고 표현했던 게 생각납니다. 출산이라는 두려움을 뒤로하고 자연분만으로 아이를 낳아준 아내에게 고마웠습니다. 출산 직후 아내와 함께 입원실로 이동했습니다. 서울아산병원의 경우 '모자동실' 시스템으로 운영되고 있었습니다. 처음으로 부모가 된 엄마, 아빠 곁에서 갓 태어난 아기는 아무것도 모른 채 자다가 울다가 먹다가를 반복하며 2박 3일을 함께 했습니다.

부모가 처음인지라 모든 부분에서 어려웠는데, 특히, 아이 분유를 먹일 때 애로사항이 많았습니다. 아이가 구순열 증상을 갖고 태어나 보통의 아기와 다르게 젖병을 제대로 빨지 못했기 때문입니다. 구순구개열 아기용 특수젖병을 이용해 한 방울씩 아이 입에 떨어뜨리며 분유를 먹였던 기억이 새록새록 납니다.

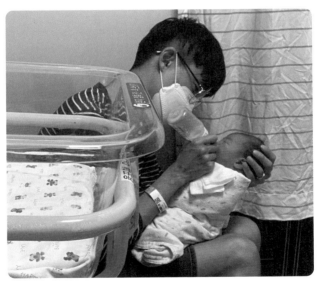

안녕, 호떡아 - 호떡이에게 분유 먹이는 중

'뭐든 마음먹기 마련'이라는 믿음이 아내의 무탈한 출산과 아기의 건강을 도모하지 않았나 생각해 봅니다. 특별한 과정을 거쳐 특별하게 태어난 우리 아이를 위해 특별한 부모가 될 준비도 모두 마쳤습니다. 자. 이제 시작입니다.

아빠가 들려주는 육아 팁

모자동실이 뭐예요?

산모와 아이가 모두 건강할 경우. 분만 직후부터 같은 방에 있도록 하는 산후조리 방법입니다. 산모와 아이 간 애착을 높일 수 있으며 양육에 필요한 훈련을 초기부터 경험할 수 있습니다. 다만. 산모는 육아가 처음이기 때문에 이 과정에서 다소 힘에 부칠 수도 있습니다.

5.

뻔질나게 드나든 압구정 치과

  딸아이는 결국 윗입술이 갈라져 있는 구순열 증상을 갖고 태어났습니다. 초음파 검사 당시 구개열, 그러니까 입천장까지 갈라져 있을 확률이 80%라 했지만, 다행히 구개열 증상은 없었습니다. 저희 아이와 같이 외형적인 면에서 조금 특별한 아이들은 태어날 때부터 다양한 검사를 끊임없이 받게 됩니다. 일단 외형적인 수술이 필요하기에 병원 내 성형외과도 방문해야 하고 코와 인중 교정을 위해 치과 등도 방문해야 합니다. 태어나자마자 검사받을

아니 잠깐만, 같이 육아휴직 하자고?

일이 산적해 있습니다.

　구순구개열은 윗입술이나 입천장이 갈라져 있는 질환을 말합니다. 윗입술만 갈라져 있다면 구순열, 위 천장만 갈라져 있다면 구개열이라 하며 두 가지를 동시에 갖고 있다면 구순구개열이라 합니다. 구순열은 입술이 벌어져 있어 코가 제대로 지지받지 못해 무너져 보인다는 특징을 갖고 있습니다. 아주 쉽게 말씀드리면 납작코처럼 보입니다. 이 문제를 해결하기 위해 코와 입술의 위치를 바로잡는 교정이라는 과정이 필요합니다. 교정 이후 코와 입이 어느 정도 자리가 잡힌 3~4달 후에는 입술을 봉합하는 수술이 차례로 진행됩니다.

　출산 후 서울아산병원에서 2박 3일의 입원 일정을 마치고 강동구의 한 산후조리원에 머무르게 됐습니다. 여기서 딸아이는 압구정에 있는 한 치과로 인생 첫 번째 외출을 나오게 됩니다. 딸아이의 생애 첫 번째 외출임에도 불구하고 애석하게 목적지는 압구정에 있는 한 치과입니다.

덕분에 살면서 압구정을 단 한 번도 방문한 적 없는 촌놈 아빠가 딸아이 덕분에 압구정 현대아파트도 보고 현대백화점도 구경해 봤습니다.

구순구개열 관련해 교정을 진행하는 치과는 대학병원을 포함해 전국에 몇 군데 없는 것으로 알고 있습니다. 선택의 여지 자체가 많이 없기도 했지만, 전국에서 가장 구순구개열 교정을 잘하는 치과가 압구정에 있을 것이라 마음먹고 평생 한 번도 와 본 적 없는 압구정을 들락날락하기 시작합니다. 딸아이의 완벽한 교정을 위해서 말입니다.

치과에 도착해 접수를 마치고 의사 선생님을 만났습니다. 딸아이의 상태를 자세히 살펴보시고 "이 정도면 양호한 편이네요."라고 말씀하셨습니다. 딸아이의 구순열 정도는 심한 편은 아니고 교정과 수술 후에는 어느 정도 자연스러운 모습으로 변할 것이라는 말도 덧붙이셨습니다. 조금 독하게 보통의 아이와 같은 모습을 꿈꾸는 것은 부모의 욕심이라는 말도 얹어서 말씀하셨는데, 아마 의사 선생님은 '부모로서 굳게 마음먹어라.'라는 뜻으로 말한 게 아니었을까 싶습니다.

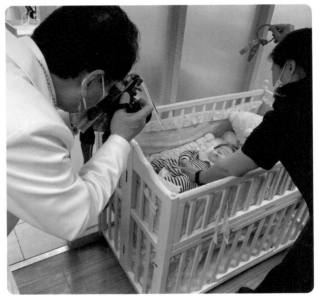

뻔질나게 드나든 압구정 치과 - 진료받는 호떡이

구순열 교정하는 과정에서 초반에는 치과를 정말 많이 드나들었습니다. 저희는 퇴원 후 강동구의 한 산후조리원에서 2주 정도 머물렀다고 말씀드렸는데, 이 시기에는 산후조리원과 치과와의 거리가 멀지 않아 부담이 덜했습니다. 하지만 조리원 퇴소 후 집에 돌아와 갓난아이와 함께 경기도에서 서울의 압구정을 다니는 일이 여간 어려운 일이 아니었습니다.

당시 회사에 다니고 있던 저로서는 한 달에 몇 번씩 잇달아 휴가 내기도 쉽지 않았습니다. 회사에는 제 아이가 아프다는 이야기를 일절 하지 않았던 상황이어서 이런저런 이유를 대면서 휴가 내는 게 꽤 눈치 보였습니다.

뻔질나게 드나드는 압구정에 조금씩 지쳐갔습니다. '회사 일하면서 아이를 돌보는 게 생각보다 쉽지 않구나.'라는 것을 몸소 경험했습니다. 왜 몸이 피곤하면 아무것도 하기 싫어지는 게 사람 마음이라고 하지 않습니까? '우리가 부모인데 아이를 위해 뭔들 못 하겠어.' 싶다가도 뻔질나게 서울을 자주 드나들게 되니 몸과 마음의 여유도 점점 사라졌습니다.

한편 아내는 아내 나름의 고충이 쌓여갔습니다. 갓난아기를 혼자 돌보는 시간이 많아지면서 체력적으로 힘에 부쳐갔습니다. 조리원 퇴소 후 집에 돌아와서 산후도우미 선생님의 도움을 받긴 했지만, 오후 6시 이후의 시간에는 전적으로 아이와 함께 있어야 했으니 아무리 엄마라지만 사람인 아내도 지치는 게 당연했습니다. 엄마라는 타이틀이 무한 체력을 보장하진 않으니 말입니다.

　부담이 가중되는 상황에서 문득 일전에 아내가 제게 말했던 동반 육아휴직이라는 단어가 머릿속을 스쳤습니다. '내가 육아휴직을 해도 되는 건가?'에서 '같이 육아휴직을 해보면 어떨까? 육아휴직을 같이하면 조금 더 수월하지 않을까?'라며 서서히 생각의 전환을 일으키게 됩니다.

6.

미안해하지 않을 용기

　아내의 2주간 산후조리원 생활도 순조롭게 끝나고 드디어 아이와 함께 집으로 돌아왔습니다. 초보 엄마인 아내의 손을 거듦과 동시에 빠른 회복을 위해 정부에서 지원하는 산후도우미 서비스를 추가로 신청했습니다. 3주간 산후도우미 선생님의 도움을 받아 아이를 돌본 이후에는 어머니께서 한 주간 머물러 주셔서 신생아를 돌보는 집치고는 다소 여유로운 한 달을 보냈습니다.

뭐든 시작이 있으면 끝이 있게 마련입니다. 한 주간 완벽에 가까운 육아 지원을 마치신 어머니는 집으로 돌아가고 이제 저희 부부와 딸아이 세 가족의 '육아 대환장 파티'가 시작됐습니다. 부부가 동시에 육아하는 게 가장 이상적이었지만 아빠인 저는 직장을 다녀야 했던 탓에 어쩔 수 없이 아내의 독박 육아 원맨쇼가 펼쳐졌습니다.

　본래부터 아내는 아기를 정말 좋아하는 사람입니다. 우연히 길거리에 지나가는 아기만 봐도 예뻐라 하고 주변 지인이나 친척들 아이 돌봐주는 일에도 꽤 능숙했습니다. 아이를 보는데 본래 익숙한 사람이었던 겁니다. 어릴 적 꿈이 어린이집 교사였으니 아기를 키우는 마음에 얼마나 들떠있고 행복했을까 싶습니다. 그런 아내는 과연 어떻게 됐을까요? 하루 이틀이야 괜찮을 수 있었다지만 말도 못 하고 쉴 새 없이 울어대는 신생아와 온종일 집에 머무르는 게 쉽지만은 않았을 겁니다. 퇴근 후 집에 가면 겉으로는 웃고 있지만 지친 아내의 표정은 여실히 드러났으니 말입니다.

시간이 지날수록 아내에게 육아 부담은 가중됐습니다. 하루에도 3~4시간마다 분유를 먹어야 하는 아이 덕분에 아내는 충분한 수면을 이루기 어려웠습니다. 아이가 순한 편이었지만 매번 아이를 깨워 수유하는 게 쉬운 일은 아니었을 테니 말입니다. 아이를 챙기느라 본인의 식사도 거르는 날이 많아졌습니다. 이따금 근처에 살고 계신 장모님께서 밑반찬을 해오시거나 먹을 것을 사다 주곤 하셨지만 그런데도 한계가 있었던 것은 분명해 보였습니다.

아내는 이런 상황을 툭 더 놓고 누군가에게 이야기할 곳도 마땅치 않았습니다. 당시 아내의 친한 친구들은 결혼하지 않았거나 결혼했더라도 아이는 없는 상황이어서 고민을 들어주기에 한계가 있었습니다. 남편인 저 또한 평소 회사에 있을 때는 아내와 많은 연락은 하지 않았기 때문에 아내는 소통에 많은 어려움이 있었을 것입니다.

미안해하지 않을 용기 - 호떡이 3개월 차

그래서 그랬는지 아내는 제가 집에 돌아오면 하루 내 있었던 시시콜콜한 이야기를 A부터 Z까지 잠자기 전까지 들려줬습니다. 아이가 오늘 뭘 했는지, 무슨 색 변을 봤는지 등의 소소한 이야기 말입니다. 저는 아내가 래퍼인 줄 알았습니다. 농담이고 미안한 마음이 들었습니다.

복직을 앞둔 어느 날 아내가 제게 이런 이야기를 한 적이 있습니다.

"지금 와서 하는 말인데 나 집에 아기랑 혼자 있을 때, 정말 외로웠어. 어디 말할 곳도 없고 들어줄 사람도 없고 그때 정말 힘들었어."라고 말입니다. 지금이야 저희가 하는 말을 어느 정도 알아듣고 반응하는 아이지만 생후 1개월을 갓 넘긴 아기와 무슨 이야기를 했겠습니까?

직장이 서울이었던지라 이른 아침 출근해 늦은 저녁이 돼서야 퇴근하는 일이 많았습니다. 오후 6시에 칼퇴근을 한다고 해도 집에 돌아오면 오후 8시를 넘기기 일쑤였습니다. 제가 씻고 나올 때쯤이면 아기는 곤히 잠든 날이 많았습니다. 이따금 잠들지 않고 깨어 있기라도 한 날에는 아이를 안아주며 행여나 '아이를 안다가 떨어뜨리진 않을까?' 하는 사소한 걱정도 정말 많았습니다. 아이 보는 데 정말 서툴렀던 저였으니 말입니다. 아내가 잠깐 마실이라도 나가는 단 몇 시간에도 쩔쩔매던 저였습니다.

지금도 한참 모자라지만 당시 저는 아이에 대해 더욱 무지한 아빠였습니다. 그저 아이를 예뻐하기만 했지 아기 목욕은 어떻게 시키고, 아기가 먹는 분유량은 얼마나 되며, 기저귀는 또 어떻게 갈아줘야 하는지 아기를 돌보는 가장 기본적인 방법에 대해서부터 젬병이었던 겁니다. 아내가 "이건 이렇게, 저건 저렇게 하면 돼." 백번을 말해줘도 돌아서자마자 백번 다 잊어버렸습니다.

주말과 같이 온종일 아이와 함께 있는 시간은 더욱 부담됐습니다. 육아에 대해 아는 게 없으니 아내에게도 당연히 도움 될 리가 없었습니다. 아빠가 회사 간다며 자리를 비운 사이 아이는 엄마에게 더욱 완벽하게 적응하며 아이와의 거리는 점점 멀어졌습니다. 제가 안으면 그렇게 울고 보채기 일쑤였습니다.

'이게 맞나?' 싶었습니다. 가족을 위한답시고 직장에서 돈을 벌고는 있는데 정작 아이는 저를 멀리합니다. 아이에 대해 아는 것도 거의 없습니다. 오히려 독박 육아로 아내만 더 힘들게 합니다. 아마 그 무렵부터 동반 육아휴직에 대해 더욱더 진중하게 생각하게 됐습니다. '휴직하면 아이와 조금 더 가까워지려나?', '아내에게 작은 도움이라도 되지 않을까?'라는 생각과 동시에 '그런데 당장 수입이 없어지는데 어떻게 하지?', '내가 가장으로 너무 무책임한 건가?'와 같은 부정적인 생각이 공존하며 머릿속을 가득 채웠습니다.

다른 건 다 제쳐놓고라도 분명한 사실 하나는 있었습니다. '아이와는 무조건 가까워질 수 있다.'라는 사실 말입니다. 매일 24시간을 아이와 함께하다 보면 적어도 지금보다 훨씬 더 가까워질 수 있으리라 확신했습니다. 부족하고 항상 미안해만 하는 아빠로 남기는 싫었습니다. 아이 돌보는 것을 두려워하는 아빠가 되는 것도 싫고 아이가 저를 피해 다니는 애석한 상황도 180도 전환하고 싶었습니다.

더불어 아이 교정과 검진을 위해 병원을 자주 오가야 하는 상황을 고려해 봤을 때 아내에게도 분명 도움이 되리라 생각했습니다. 육아 시에는 한 명보다는 두 명이 있는 게 훨씬 수월하니 말입니다. 제 곁에 아내가 함께 있으니 홀로 육아하는 것보다 백배 천배 자신감 있게 육아도 할 수 있으리라 생각했습니다. 이러한 생각들은 얼마 지나지 않아 결심으로 굳어졌습니다.

7.

휴직 좀 한다고 죽기야 하겠어?

존경하는 아버지 이야기 한번 해보겠습니다. 제 기억 속의 어린 시절, 아버지는 언제나 회사 일에 진심이었던 분이었습니다. 당연히 가족을 위해서였을 것입니다. 그 덕분에 주중에는 대부분 늦은 귀가를 하셨고 당시에는 6일 근무제였던 만큼 토요일에도 오후 늦게나 퇴근하곤 하셨습니다.

당시 저희 가족은 친할머니를 포함해 총 다섯 식구 그

러니까 3대가 함께 사는 대가족이었습니다. 당시 아버지는 가장으로서의 느끼는 중압감과 무게감이 엄청났을 것입니다. 한편으로는 당신의 업무에도 책임감이 굉장히 강하셨던 분이었습니다. 지금 저보고 똑같이 해보라고 한다면 절대 못 했을 겁니다. 아버지 반만큼은 따라갈 수 있을까 싶습니다. 직접 직장생활을 해보니 제 나이대 아버지가 회사에서의 생존과 가족의 안녕을 위해 얼마나 치열하게 업무에 임하셨을지 어느 정도는 머릿속으로 그려지기도 합니다. 가족을 책임져야 하는 어쩔 수 없던 부분이 있었을 거라는 심정 충분히 이해하지만, 가정을 위해 헌신하는 아버지의 이면에도 아쉬운 점 하나는 있었습니다.

회사 업무로 인해 늦은 귀가로 늘 피곤해하셨던 아버지는 집에 돌아오신 후에 줄곧 주무시는 편이었고, 주말에도 교회를 다녀와서 단잠으로 피로를 달래곤 하셨습니다. 아버지께서 회사 일에 쏟았던 시간의 결과는 결국 자식과의 관계 소홀로 이어졌습니다. 평소에 아버지와 함께한 시간이 적어 일상을 나눌 시간이 없었기도 하고 엄하신

면이 있어 다가가기에 어려움이 있었던 덕분에 말입니다.

　지금 생각하면 당시 분위기를 고려해 봤을 때 어쩌면 회사 일로 인한 아버지의 늦은 귀가가 당연하게 생각되기도 합니다만, 그런데도 어린 시절 아버지와 함께한 추억이 없음에 아쉬움이 전혀 없다는 것은 거짓말입니다. 지금 당장 아버지와 함께했던 추억을 떠올려도 손에 꼽히는 몇 가지 정도가 전부니 말입니다.

　이따금 여름 휴가철을 맞이해 아버지와 유의미한 시간을 보낸 기억도 있었지만, 사실 일상으로 돌아와 어김없이 업무로 바쁘게 살아가는 아버지에 대한 기억이 더 많이 남아 있습니다. 어린 제 생각에 '아빠들은 원래 다 저렇게 바쁘게 살아야 하는 건가?' 싶기도 했고 한편으로 '나는 나중에 결혼하면 아이와 정말 많은 시간 보내야겠다.'라는 생각도 마음 한편에 늘 있었습니다.

　세월이 흘러 제가 성인이 되어 사랑하는 여인과 결혼하

고 아이까지 돌보는 아빠가 됐습니다. 그런데 이게 웬일일까요? '아버지처럼 일만 하고 살진 않겠다.'라고 다짐했던 저도 어느샌가 아버지의 모습을 조금씩 닮아가고 있었습니다. 이래서 '피는 못 속인다.'라는 말이 있나 봅니다. 주중에는 늦은 귀가를 일삼았고, 주말에도 출근하며 가정에 쏟는 시간은 월등히 적었습니다. 거울에 비친 제 모습에서 그 시절 아버지의 모습을 봤습니다. 뒤처지지 않기 위해 회사 업무에 열성이었던 저도 제 기억 속의 아버지와 다를 게 없어 보였습니다. 아버지와 저는 분명 가정을 위해서 열심히 일하셨을 뿐인데 말입니다. 남들에 뒤처지지 않기 위해 업무에 열성이었던 게 오히려 가정에는 독이 될 수 있다는 사실을 그 당시에는 깨닫지 못했습니다.

늦은 밤 귀가를 하고 아이가 곤히 잠자는 모습을 조용히 문 뒤에서 살펴보는 날이 잦았습니다. 아내는 혼자서 독박 육아를 하면서 스트레스도 지속해 쌓였을 것입니다. 어느 늦은 퇴근길 '무엇을 위해 돈을 버는 걸까?'라는 생각을 시작으로 '이건 조금 아닌 것 같다.'라는 생각이 꼬리에 꼬리를 물기 시작했습니다.

 '일과 가정의 양립'이라는 말, 미디어에서 정말 자주 보고 듣게 됩니다. 이론상으로는 정말 좋은 취지임도 분명합니다. 그런데 이상과 현실은 굉장한 괴리를 보여줍니다. 만질 수 있을 것 같은데 정작 만질 수 없는 신기루 같기도 합니다. 두 마리 토끼를 동시에 잡는 일이 현실에서는 불가능해 보였습니다. 일과 가정의 양립을 위해 저 또한 돈과 육아 중 어느 하나는 포기해야 했습니다. 인생에 정답이 없다지만 그 순간에는 누군가 제게 정답을 콕 집어 알려줬으면 좋겠다 싶었습니다. 셰익스피어의 4대 비극 중 하나인 『햄릿』에 이런 명대사가 있습니다. "사느냐 죽느냐 그것이 문제로다." 저는 당시의 제 고민을 이렇게 표현해 보고 싶습니다. "육아휴직이냐, 돈이냐 그것이 문제로다."

휴직 좀 한다고 죽기야 하겠어? – 크리스마스를 기다리는 호떡이

제가 좀 성격이 이상합니다. 말인즉슨 가끔 청개구리 같은 행동을 한다는 겁니다. 하고 싶은 일이 있으면 누가 하지 말라고 해도 꼭 한번 해보고 반대로 멍석 깔아주고 해보라 하면 또 그렇게 안 합니다. 누가 억지로 시켜서 하

는 것을 좋아하는 사람은 세상 어디에도 없긴 하지만 말입니다. 회사에서 남자가 육아휴직을 사용한다고 하면 '조직 내 부적응자, 승진 포기자' 등으로 여기는 인식은 여전히 남아 있습니다. 그렇지만 육아휴직 제도가 떡하니 마련되어 있고 아이 키우는 부모라면 누구나 사용할 수 있는 권리인 것도 분명한 사실이었습니다. 눈치 보여 쓰기도 힘든 유리 벽 현실, 제가 한 번 깨보기로 했습니다. 그것도 부부 동반 육아휴직으로 말입니다.

　몇 달을 고민했지만, 결정은 순식간에 이루어졌습니다. '모두가 하지 말라고 하네. 그럼 나는 그냥 해야지. 까짓것 죽기야 하겠어?'라며 당찬 포부를 마음속으로 외쳤습니다. 모두가 "아니요." 할 때 "예."를 외친 어느 누군가의 용기를 잠시 빌려 빽도 없고 믿을 구석 하나 없는 제가 아내와 동반 육아휴직을 결심했습니다.

　인생이라는 무대의 주인공은 본래 자기 자신입니다. 회사를 위한 조연이 될 필요 없이 가족이라는 소중한 주연

아니 잠깐만, 같이 육아휴직 하자고?

들과 함께 멋지고 의미 있는 인생 영화 한 편 만드는 게 훨씬 더 가치 있으리라 생각합니다. 설령 다시 이런 기회가 주어진다 해도 저는 분명 똑같은 선택을 할 것입니다. 1초의 고민 없이 말입니다. 이유는 매우 단순합니다. 회사 내에서 인정받는 것보다 훨씬 더 값진 가족 내에서의 인정을 맛보게 됐기 때문입니다. 깊은 고민의 끝이 초라할 정도로 쉽게 결단을 내리고 이제 구체적으로 다가올 육아휴직을 위한 가상의 시나리오를 만들기 시작했습니다.

2장

공무원 아빠도
육아휴직 준비 완료!

나를 믿어라.
인생에서 최대의 성과와 기쁨을 수확하는 비결은
위험한 삶을 사는 데 있다.

프레드리히 니체 *Friedrich Nietzsche*

8.

공무원의 유일한 장점, 대체 뭘까?

　저희 부부의 직업은 공무원입니다. 철밥통 공무원이란 소리도 있지만 요즘 공무원은 그렇게 인기 있는 직업은 아닙니다. 철밥통에 밥이 없으니 말입니다. 전반적으로 사기가 정말 많이 떨어져 있습니다. '누칼협(누가 칼 들고 협박했냐?)'이라고 비꼬는 말도 들리고 '그 월급 받고 어떻게 사냐?'는 자조 섞인 말도 심심치 않게 듣게 됩니다. 그러게 말입니다. 누가 칼 들고 협박한 것도 아닌데 왜 제 발로 공무원을 하겠다고 했을까 싶기도 합니다.

저도 입사 후에 아차 싶었던 순간이 있었긴 합니다만, 그래도 제 직업이 공무원인데 어쩌겠습니까? 마냥 동조만 할 수도 없고 말입니다. 그래서 제가 이 직업을 선택함으로써 누릴 수 있는 혜택이 뭐가 있을지 생각해 봤습니다. '큰 사고만 치지 않는다면 정년이 보장되어 있고, 받을 수 있는 연금보다 내야 하는 기여금이 훨씬 많기는 하지만 공무원 연금으로 노후 대비는 어느 정도 할 수 있다.' 크게 이 두 가지를 꼽을 수 있을 것 같습니다. 그런데 사실 진짜 괜찮은 제도가 하나 더 있습니다. 바로 '육아휴직' 제도입니다.

「국가공무원법」

제71조(휴직)

② 임용권자는 공무원이 다음 각 호의 어느 하나에 해당하는 사유로 휴직을 원하면 휴직을 명할 수 있다. 다만, 제4호의 경우에는 대통령령으로 정하는 특별한 사정이 없으면 휴직을 명하여야 한다.

4. 만 8세 이하 또는 초등학교 2학년 이하의 자녀를 양육하기 위하여 필요하거나 여성 공무원이 임신 또는 출산하게 된 때

「지방공무원법」

제63조(휴직)

② 공무원이 다음 각 호의 어느 하나에 해당하는 사유로 휴직을 원하면 임용권자는 휴직을 명할 수 있다. 다만, 제4호의 경우에는 대통령령으로 정하는 특별한 사정이 없으면 휴직을 명하여야 한다

4. 만 8세 이하 또는 초등학교 2학년 이하의 자녀를 양육하기 위하여 필요하거나 여성 공무원이 임신 또는 출산하게 된 때

다른 부분에서는 모르겠지만, 육아휴직 제도만큼은 웬만한 대기업 부럽지 않을 만큼 체계적이며 보장 또한 잘 돼 있습니다. 공무원 조직은 법에 근거해 만들어진 조직입니다. 법적인 근거가 있다면 공무원은 육아휴직이든 뭐든 다 할 수 있습니다. 그리고 육아휴직은 국가공무원법, 지방공무원법에 명시되어 있습니다. 이 말은 남자든 여자

든 간에 무조건 육아휴직을 사용할 수 있다는 말입니다. 물론 일반 사기업 또한 「남녀고용평등과 일·가정 양립 지원에 관한 법률」 제19조(육아휴직)에 근거해 육아휴직을 사용할 수 있지만 조금 더 자유롭게 육아휴직을 사용할 수 있는 조직은 공무원 조직이라고 봅니다.

육아휴직을 결심하고 본격적으로 육아휴직 사용 시기와 기간에 대한 고민을 시작했습니다. 제가 육아휴직 하기로 결정 내린 시기는 대략 10월 초였습니다. 언제 휴직을 들어갈 것인지가 가장 문제 중요한 문제였는데 일단 비정기인사 시즌에 들어가는 건 마음에 내키지 않았습니다. 대직자나 주변 직원들에게 피해 입히는 것 같고 도피성으로 보였습니다. 아내가 먼저 휴직을 들어간 상황이어서 그리 긴급한 상황도 아니었습니다.

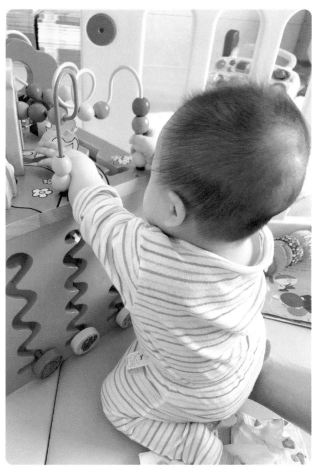

공무원의 유일한 장점. 대체 뭘까? – 호기심 많은 8개월 차 호떡이

공무원 아빠도 육아휴직 준비 완료!

제가 근무하는 곳은 1월과 7월 이렇게 두 번에 걸쳐서 정기인사 발령을 내립니다. 이에 발맞추어 저도 '정기인사 시즌에 맞춰 2023년 1월부터 육아휴직을 사용하면 되겠다.'라는 결론을 내립니다. 새로운 직원으로 채워질 테니 조직 내 인원 공백에 대한 문제도 없을뿐더러 당해 12월 말 딸아이 수술 이후 다음 해 1월부터 육아 전선에 함께할 수 있었으니 시기도 적절했습니다.

대한민국에서 법으로 보장하는 육아휴직 제도를 온전히 누릴 수 있다는 건 공무원이 가질 수 있는 아마 유일한 장점이 아닐까 싶습니다. 한 가지 더 있다면 아무래도 신분이 보장돼 대출이 잘 나오는 편 정도가 있겠습니다. 동반 육아휴직은 아이와 깊은 친밀감 형성을 도모하고 아내와 육아 공감대를 형성할 기회를 제공합니다. 또한, 수동적으로 사는 삶에서 잠시 벗어나 자신만의 미래를 능동적으로 그릴 수 있는 멋진 시간 또한 제공합니다. 육아만 하든 시간을 쪼개 자기 계발을 하든 간에 24시간 전부가 온전히 본인의 손에 달려 있기에, 주도적으로 사는 느낌을 받을 수 있습니다.

저는 육아휴직을 다른 말로 '자녀가 부모에게 선사하는 인생의 안식년'이라고까지 표현해 보고 싶습니다. 회사에서 가끔 답답할 때가 있습니다. 사무실이 가진 특유의 사무적인 공기와 냄새, 차가운 형광등 조명 아래 다닥다닥 붙어 있는 사무실 책상들, 쉴 새 없이 울려대는 전화벨 소리와 같은 스트레스를 유발하는 일상에서 잠시 벗어나 숨을 고를 수 있는 시간이 어쩌면 육아휴직일지도 모른다는 생각이 듭니다. 물론 육아가 쉽다는 소리는 절대 아닙니다.

뭐가 됐건 '누칼협(누가 칼들고 협박했냐?)'이라고 놀림 당하는 공무원에게도 정말 괜찮은 육아휴직 제도가 있습니다. 만화 드래곤볼에서 주인공 손오공이 가진 에네르기파 급의 필살기입니다. 사기가 떨어진 이 시대의 모든 공무원분들께 말하고 싶습니다. 찾아보면 누릴 수 있는 혜택이 많은 조직이 또 공무원이라고 말입니다. 자. 그건 그렇고, 육아휴직의 시기를 결정했다면 다음은 어떤 걸 고민해야 했을까요? 뭐긴 뭐겠습니까. 바로 돈이라는 녀석이죠. 그놈의 돈 돈 돈.

공무원 육아휴직이 궁금해요!

Q 공무원 육아휴직 대상자가 궁금합니다.

A 만 8세 또는 초등학교 2학년 이하 자녀를 양육하는 부모라면 누구나 사용 가능하며, 여성 공무원의 경우 임신 기간 및 출산 시부터 육아휴직 사용 가능합니다. 단, 남성 공무원의 경우, 자녀의 출산 이후 육아휴직 사용이 가능하다는 점 참고하시기 바랍니다.

Q 육아휴직 사용 기간은 어떻게 되나요?

A 30일 이상 사용할 경우 육아휴직을 신청할 수 있으며, 자녀 한 명당 최대 3년까지 기간을 나누어 분할 사용할 수 있습니다. 부부 공무원의 경우 동시에 사용할 수 있고, 저희 부부와 같이 차례로도 육아휴직을 사용할 수 있습니다.

Q 박봉 공무원 부부는 육아휴직을 어떻게 사용하셨나요?

A 공무원의 경우 육아휴직과 별도로 출산휴가가 추가로 부여됩

니다. 육아휴직과 출산휴가 일정을 조율한다면 훨씬 더 긴 시간을 육아에 집중할 수 있습니다. 아내의 경우 육아휴직을 먼저 사용하고 출산 시기에 맞춰 출산휴가(90일)를 사용한 이후 다시 육아휴직에 임했습니다. 남편인 제 경우, 아내의 출산일에 맞추어 배우자 출산휴가(10일)를 사용하고 3개월 정도 회사생활을 하다가 아내의 육아휴직이 다시 시작할 즈음부터 육아휴직에 들어오게 됐습니다.

Q 육아휴직 중 경력이나 호봉은 어떻게 인정되나요?

A 자녀의 수에 따라 경력 인정 기간이 다릅니다. 첫째 자녀의 경우 휴직 기간 중 최초 1년만 경력으로 인정하고, 둘째 자녀부터는 휴직 기간 전체를 경력으로 인정합니다. 부부 공무원 모두 동시 휴직 중일 경우 기간 전체를 경력으로 인정합니다. 호봉의 경우 첫째, 둘째 자녀까지는 각각 1년을 호봉에 반영하며 셋째 자녀부터는 휴직 기간 전체를 호봉으로 인정하고 있습니다.

공무원 아빠도 육아휴직 준비 완료!

9.

기승전결? 기승전돈!

남자가 육아휴직 한다고 하면 세상의 시선 때문인지 아니면 회사 경력에 흠이라도 생길까 걱정돼서인지 모르겠지만, 사실 돈 때문에 세상의 모든 아빠는 육아휴직을 망설이고 있지 않을까 싶습니다. 아빠 본인 역시 아이를 양육하면서 인생에서 한 박자 정도는 쉬어가고 싶을 텐데 말입니다. 그놈의 돈이라는 녀석 때문에 강단 있는 결정을 내리기가 여간 쉽지 않습니다.

저 역시 돈 때문에 마지막까지 육아휴직을 망설였습니다. 주택담보대출금, 생활비, 관리비, 경조사비 등등 거기에 추가로 양육비라는 항목까지 돈이 들어갈 곳이 한두 군데가 아니었으니 말입니다. 맞벌이해도 부족한 마당에 부부가 육아휴직을 동시에 한다는 게 가당키나 하겠습니까? 그런데 결론적으로 말씀드리면 정말 의외로 살만했습니다. 물론 사람마다 기준이 다르긴 하겠지만 저희 부부는 휴직 기간 중 풍족하진 않아도 부족함 또한 그리 크게 느끼진 않았습니다.

그렇다면 저희는 어떤 생각으로 동반 육아휴직에 임하게 됐을까요? 그냥 다른 건 다 모르겠고 육아와 가정에 집중하고 싶었습니다. 아내라는 좋은 멘토와 함께할 수 있는 육아이기에 자신감도 있었고 아이의 회복과 성장 과정을 바로 옆에서 지켜볼 수 있는 두 번 다시 오지 않을 기회라고 생각했습니다. 아쉬움이 남았던 저의 어린 시절 기억을 뒤로하고 우리 아이에게만큼은 웃음 가득한 추억을 선사하고 싶기도 했습니다. 물론 딸아이는 기억 못 할 테지만 말입니다.

주변에 있는 몇몇 육아 선배의 이야기를 듣게 되며 '돈은 아이와 함께하는 시간과 맞바꿀 만큼 중요하지 않다.'라는 생각도 더욱 굳건해졌습니다. 들은 이야기 중 하나는 업무로 인해 회사에서 늦은 퇴근을 할 수밖에 없었던 아빠를 아이가 외면한다는 소리였습니다. 그분 역시 본인이 아이를 위해 돈을 버는 건지, 무엇을 위해 그렇게 아등바등 사는 건지 정말 혼란스러웠을 겁니다. 나중에 들은 이야기로는 그분 역시 아이와 후회 없는 시간을 보내기위해 육아휴직을 신청하게 됐다고 합니다.

때론 당분간 수입이 줄어든다는 두려움이 엄습하기도 했지만 1년이라는 육아휴직 기간, 돈 좀 못 번다고 엄청난 후회도 없으리라 생각했습니다. 가정이 크게 흔들릴 만한 자산의 변화도 일어날 것 같지도 않았습니다. 향후 최소 20년 이상은 계속 다닐 회사인데 공식적으로 부여된 1년의 유급 육아휴직은 정말이지 괜찮아 보였습니다.

기승전결? 기승전돈! – 게임에 집중하는 호떡이

　돈은 우리의 인생에서 중요한 도구입니다. 돈이 있으면 대부분의 문제를 해결할 수 있습니다. 그런데 모든 문제를 해결할 순 없습니다. 예를 들어 '아이와 함께 보낸 시간'과 같이 돈으로 가치를 매길 수 없는 것들 말입니다. 그렇게 저희 부부는 1년 치의 회사 연봉과 동반 육아휴직을 맞바꾸기로 했습니다. 저희가 잃게 될 것은 1년 치의 연봉 정도였지만 반대로 얻게 될 것은 연봉과 맞바꿀 수 없는

공무원 아빠도 육아휴직 준비 완료!

아이와 함께한 넘치는 추억 등 무궁무진했습니다. 비교 자체는 불가하며 후회는 여전히 하나도 없습니다.

그래도 사랑만 가지고 아이를 양육할 순 없었습니다. 맨땅에 헤딩하는 격으로 손가락만 빨고 살 순 없었으니 말입니다. 그렇다면 저희는 동반 육아휴직을 준비하며 돈 문제를 어떤 방식으로 해결하고자 했을까요? 완벽하다고 생각했으나 알고 보면 조금 더 준비했으면 좋았을 법한 계획. 다음 장에서 같이 알아보겠습니다.

10.

월급 공백기 준비 이렇게!

　동반 육아휴직을 결심한 2022년의 늦가을부터 휴직 시 현금흐름을 구체적으로 그려보기 시작했습니다. 육아도 육아지만 그래도 어느 정도의 돈은 마련되어야 부담 없는 육아휴직이 가능했을 테니 말입니다. 당시 예상되는 3가지의 현금흐름이 있었습니다. 만약 이 정도의 수입을 가지고 가계를 요리조리 운영한다면 '1년 정도는 충분히 버틸 만하겠다.'라는 결론을 내렸습니다. 예상되는 현금흐름은 아래와 같았습니다.

첫 번째로 저희 부부가 고려한 수입은 회사에서 주는 '육아휴직 수당'이었습니다. 공무원은 자녀 한 명 기준으로 육아휴직을 총 3년 사용할 수 있고 최초 1년은 기본급의 80%를 육아휴직 수당으로 받을 수 있습니다. 2023년 당시, 한 배우자가 먼저 육아휴직을 하고 다른 배우자가 연달아 육아휴직을 사용할 시 최초 3개월간 기본급을 100% (최대 250만 원) 받을 수 있는 제도도 생겨 이를 활용하면 되겠다 싶었습니다.

2024년 현재는 공무원 부부의 동반 육아휴직 혜택이 더욱 확대된 상황입니다. 두 번째 육아휴직 사용자인 배우자에 대해 기본급을 100% 지급하는 기간도 6개월로 늘어났고, 지급 상한액 또한 구간별로 조정되어 최대 450만 원까지 받을 수 있는 여건이 마련됐습니다. 흐름에 발맞추어 육아 관련 지원도 더욱 개선되어 가는 듯합니다.

수당이 적은 편이긴 하지만 일하지 않고 최소 1년의 수입은 보장받을 수 있었기 때문에 알뜰살뜰 살아간다면 '같이 육아휴직 해볼 만하겠다.' 싶었습니다. 이렇게 되면 최소한의 수입은 어느 정도 마련되리라 생각했습니다. 저희가 돈을 아껴 쓰는 데 이미 선수이기도 했기 때문에 자신감도 충만했습니다.

두 번째로 고려한 수입은 정부에서 지급하는 '육아 지원금'이었습니다. 육아하는 부모를 지원하기 위해 정부에서 매달 지급하는 부모급여 70만 원(2023년 기준으로 만 0세에서 1세까지는 70만 원, 만 1세에서 2세까지는 35만 원 지급)과 만 8세까지 지원하는 아동수당 10만 원, 출생아 대상 바우처 형태로 지급되는 200만 원 상당의 첫 만남 이용권, 마지막으로 거주지 지자체에서 지급하는 출산 축하금 등을 모아 살림을 꾸려가면 되겠다 싶었습니다. 출산 축하금의 경우 지자체마다 지원금이 다른데, 제가 거주하고 있는 안산시의 경우 100만 원이라는 돈을 지원해 줬습니다.

동반 육아휴직으로 수입이 부족한 상황에서 육아 지원

금은 가족에게 정말 큰 도움이 됐습니다. 이 돈으로 기저귀, 분유 등 아이에게 필요한 육아용품도 구매하고 생활비로 사용하는 등 육아 지원금이 세운 공이 혁혁합니다. 2024년부터는 부모급여가 100만 원(만 0세에서 1세까지는 100만 원, 만 1세에서 2세까지는 50만 원을 지급)으로 상향 지급되고 있는데, 맞벌이 부부들이 마음 편한 육아를 할 수 있도록 더욱 확대된 지원 방안이 나왔으면 하는 바람입니다.

마지막 세 번째로 고려한 수입은 저희 부부가 출산을 대비해 모아놓았던 적금이었습니다. 앞서 저희가 신혼 초부터 훗날 아이가 생길 것을 대비해 '출산을 위한 적금은 조금씩 모았었다.'라고 말씀드린 바 있습니다. 그렇습니다. 남편이자 아빠인 제가 막무가내로 육아휴직을 결정한 건 아니고 부부 나름대로 육아에 대한 준비를 차분히 했던 덕분에 동반 육아휴직까지 이어질 계기가 마련됐습니다.

실제로 결혼 후 3개월이 지난 시점부터 출산 및 육아를 위한 돈을 따로 모아나갔습니다. 온라인 은행을 통해 자유적금을 하나 개설해 '출산적금'이라는 이름으로 매달 30만 원 정기적으로 붓고 회사에서 인센티브가 지급되는 달이라던가 여윳돈이 생기는 날에는 추가로 적금을 넣어주는 방식으로 육아휴직에 대한 준비를 차곡히 해나갔습니다. 본래 동반 육아휴직을 대비하고 모았던 적금은 아니었는데 본의 아니게 확장된 용도로 사용하게 됐습니다.

아빠가 들려주는 육아 팁

육아비용, 어떻게 모았나요?

육아휴직을 위한 저축을 결심했다면 적금을 통해 양육비 마련하는 것을 추천합니다. 육아적금은 정해진 기한 내에 사용해야 하는 목적성 자금이기에 주식 등의 불명확한 투자처에 저축하기보다 안전한 적금의 형태로 운영하는 것을 권장합니다. 온라인 은행에서 취급하는 '자유적금' 시중에 정말 많이 있습니다. 가입도 쉽고 이체 방법도 매우 간편합니다. 개설 후 자동이체로 일정 금액을 저축하고 여윳돈이 생길 때마다 한 푼 두 푼 추가로 적립해 보시기 바랍니다.

89

공무원 아빠도 육아휴직 준비 완료!

통장에 쌓인 금액이 훗날 여러분의 안정적인 육아휴직 생활에 큰 보탬이 될 것입니다. 적금 외 어떠한 방식으로든 동반 육아휴직을 위한 일정 자금을 모아두는 것 또한 물론 좋은 방법이 되겠습니다.

　그렇게 4년 동안 모은 돈은 대략 2,000만 원이었습니다. '에계계, 그 돈 가지고 어떻게 살아.'라고 말씀하실 수도 있겠습니다만 직장인의 한정된 월급으로 양육비에만 많은 비중을 둘 수도 없었습니다. 어쨌든 2,000만 원이라는 금액이 저희가 모아낸 최선의 결과였습니다. 박봉 공무원의 월급. 다들 아실 것이라 짐작합니다. 월급 명세서를 보면 웃음만 나옵니다. 그래도 알토란 같이 모았던 출산·육아적금 덕분에 그래도 육아휴직 기간 막힐 뻔했던 숨통은 많이 트일 수 있었습니다.

　앞서 말씀드린 3가지 수입을 '엑셀'에 기록해서 한 달에 얼마씩 사용하면 되겠다는 시뮬레이션도 한번 돌려봤습니다. 공무원답게 보수적으로 운영 계획을 짜봤음에도 불구하고 앞에서 언급한 3가지의 수입이 있다면 1년이라는 기간은 버티기에 무리 하나 없어 보였습니다. 심지어 육아휴직에 대한 은근한 자신감마저 생겼습니다. 이제 와 말하자면 육아휴직을 연장한 탓에 마지막에는 모자라긴 했지만 그래도 1년은 무리 없이 버텨냈던 것으로 기억합니다.

수입은 그렇고 지출에서 가장 큰 비중을 차지했던 주택담보대출 문제는 어떻게 해결했을까요? 매달 꼬박꼬박 은행에서 돈을 내라고 했을 텐데 말입니다. 저희는 정부 대출 상품을 이용해 자가를 마련했는데, 알아보니 육아휴직자를 위한 '원금상환유예' 제도라는 게 있었습니다. 일정 기간 원금은 갚지 않고 이자만 납입하는 형태라고 생각하시면 되겠습니다. 덕분에 휴직 기간 주담대 지출 비용을 상당 부분 줄였습니다.

홀로 또는 부부 함께 육아휴직을 계획하는 분들이 있다면 출산과 육아에 대비해 일련의 자금을 모아가는 방법을 추천합니다. 육아휴직 중 발생하는 수입 공백기에 대비할 수 있고 심리적인 안정감 또한 느낄 수 있습니다. 필수사항은 아니지만 든든한 금융 지원군이 있다면 육아에 더욱 집중할 수 있음은 분명합니다.

아빠가 들려주는 육아 팁

주택담보대출이 있다면 어떻게 할까요?

육아휴직을 계획 중인데 혹시 보유한 주택담보대출이 있다면 아래의 제도를 적극적으로 활용해 보시기 바랍니다. 단, 한국주택금융공사 상품에 한정된다는 점은 유의하셔야 합니다.

- □ 원금상환유예(보금자리론, 디딤돌 대출)
- ○ 대상자: 본인 또는 배우자가 출산한 경우
- ○ 대상계좌: 대출 실행 후 1년 이상 경과한 계좌 중 연체 중이 아니거나 연체 기간이 3개월 미만인 계좌
- ○ 유예횟수 및 기간: 대출 기간 중 총 3회 가능하며, 회차별 유예 기간은 최대 1년으로 3년까지 사용 가능
- ○ 신청방법: 온라인(한국주택금융공사 홈페이지 또는 스마트주택금융앱) 오프라인(관할 지사 방문)

○ 제출서류: 가족관계증명서 또는 주민등록등본

자세한 사항은 한국주택금융공사 홈페이지를 참고하세요.
(https://www.hf.go.kr)

공무원 아빠도 육아휴직 준비 완료!

11.

파이어족, 뭐 별거 있나요?

'파이어족'이라고 많이들 들어보셨을 겁니다. '경제적 독립을 달성하고 조기 은퇴한 사람들을 일컫는 말'로 영어로는 'Financial Independence Retire Early'의 앞 글자를 따서 'FIRE'라고 일컫습니다. 미국의 고소득층을 중심으로 발전된 개념으로 젊은 시절에 열심히 돈을 아끼고 모아서 일정 수준에 도달하게 되면 미련 없이 회사를 떠나 자유롭게 사는 사람들을 지칭합니다.

우리나라에서는 '경제적 자유'라는 단어로 대체 가능할 것 같습니다. 경제적 자유. 우리 직장인들의 시선에서 볼 때 그저 보기만 해도 가슴을 뛰게 만드는 단어가 아닐 수 없습니다. 누구나 꿈꾸는 멋진 일이니 말입니다. 때로는 우리나라에서 본래의 취지와는 다르게 '아무것도 안 하면서 놀고먹는 부자 또는 욜로처럼 사는 부자'로 오해를 불러일으키기도 합니다.

파이어족의 궁극적인 목적은 소득에 구애받지 않고 본인이 하고 싶은 일을 자유롭게 영위하는 삶입니다. 이제껏 사회가 정한 규정대로 인생을 수동적으로 살아왔다면 파이어족이 된 이후에는 삶에 주도권을 쥐고 자신이 원하는 것을 하면서 살아가는 성격이 강해진다고 보시면 되겠습니다.

경제적 자유는 우리 직장인들에게는 진짜 꿈같은 이야기입니다. 만질 수 없는 무지개와 같아 보입니다. 뭐가 어떻든 간에 돈에 구애받지 않고 자유로운 삶을 누릴 수 있다면 얼마나 행복할까요? 단 1년이라도 말입니다. 그래서 저는 육아휴직 기간, 미친 척하고 제가 파이어족이 된 것처럼 생활해 보기로 했습니다. 최소 1년은 수동적인 삶에서 잠시 벗어나 제가 하고 싶은 것들을 하며 주도적으로 삶을 이끌어 보기로 했습니다. 물론 육아는 0순위에 해당합니다.

회사 업무에 치여 또는 피곤하다는 핑계로 평소 생각만 하고 미뤄둔 것들을 충분히 시도해 볼 수 있는 자유로운 시간이 마련되리라 생각했습니다. 그렇다 치면 금전적인 부분을 제외하고 제가 파이어족과 다를 바가 없어 보였습니다. 완전 정신 나간 생각인 것도 맞습니다.

육아휴직을 결심한 이후 대중교통으로 출퇴근하는 날이면 스마트폰 메모장을 열어 마음속에 품었던 것들을 하나씩 기록했습니다. '능숙한 육아 지원군 되기, 아내 덜 힘들게 하기, 다독하기, 운동하기, 블로그 대박 터뜨리기' 등 마음에 품고 있던 자그마한 바람들을 하나씩 기록했습니다.

파이어족, 뭐 별거 있나요?
– 여행은 언제나 우리는 설레게 한다. 육아휴직도 마찬가지다.

　여행 떠나기 전날 밤을 잠시 머릿속에 그려보겠습니다. 여행이 시작되지도 않았지만, 여행 간다는 생각만으로도 설레는 그 마음 다들 떠오르실 겁니다. 육아휴직 기간만큼은 오롯이 인생의 주인공이 되어 미래를 설계하고, 제 의지대로 삶을 살아가며 꿈을 발견하는 기회가 되리라 생각했습니다. 설레고 가슴이 뛰었습니다. 제 안에 잠자고 있던 세포들이 기지개를 켤 준비를 하는 것 같았습니다.

진짜 파이어족이 된다면 이런 기분이지 않을까 싶었습니
다.

아이 덕분에 당분간은 파이어족처럼 생활할 수 있게 됐
습니다. 자기 삶에 만족하고 하고 싶은 것들을 영위하는
삶이 어쩌면 진정한 파이어족의 의미 아닐까 생각해봅니
다. 그렇게 내외부적인 계획도 모두 마무리됐습니다. 마
지막 순간이 다가왔습니다. 이제 육아휴직 소식을 회사에
알릴 차례입니다.

12.

동장님, 저 육아휴직 쓰겠습니다

　혹시 주변에 아빠가 육아휴직 썼다는 이야기 들어본 분 있으실까요? 남성의 육아휴직이 증가 추세에 있긴 하지만 여전히 어색하게 느껴지는 게 우리 아빠들의 육아휴직이기도 합니다. 2016년 공무원 조직에 입사한 이후 남자 공무원이 육아휴직을 썼다는 이야기는 저도 그리 많이 못 들어봤습니다. 그렇게 육아휴직을 장려하는 공무원 조직에서조차 고민하게 만드는 것이 아빠들의 육아휴직입니다.

출산을 앞둔 맞벌이 부부 기준에서 보면 일반적으로 출산을 앞둔 아내가 먼저 육아휴직에 들어가게 됩니다. 남편은 아내가 육아에 임하는 동안 회사에서 열심히 일하고 돈을 벌어 가족을 부양하는 역할을 맡게 되는 것이 일반적입니다. 그런데 꼭 그러라는 법은 세상 어디에도 없습니다. 사회적 통념도 언제나 예외는 있으니 말입니다. 저희 부부는 동반 육아휴직으로 그 몇 안 되는 예외가 돼보기로 했습니다.

육아휴직 사용 시기에 대한 깊은 고민이 있었다고 말씀드렸습니다. 육아휴직은 정기인사 시즌에 맞춰 사용하는 것으로 결정했습니다. 아내는 얼른 들어오라면서 남편의 육아휴직 사용을 독려하고 있고, 휴직 기간 필요한 자금도 어느 정도 준비되어 보입니다. 마지막으로 육아휴직에 임하는 제 마음가짐도 더할 나위 없이 충만해 있습니다. 이제 동장님께 "저 육아휴직 하겠습니다."라고 보고만 하면 모든 상황은 종료됩니다.

모두가 "아니요."라고 말할 때 홀로 "예."라고 말해본 적 있으신가요? 저는 이제껏 살아오면서 거의 없었던 것 같습니다. 학창 시절이나 회사 생활하면서도 제 주장을 오롯이 펼쳐 본 적은 손가락에 꼽을 정도입니다. 매번 '좋은 게 좋은 거지.' 하며 대중의 선택을 따라갔던 내성적인 성향 덕분입니다. 그래서 공무원이라는 직업을 선택한 것 같기도 합니다. 그런데 이번에는 이야기가 달라졌습니다. 가보지 않은 길과 익숙한 길, 두 갈래 길 가운데서 대부분이 가보지 않은 길을 홀로 걸어가야 했습니다. 총대를 메고 선두에 앞장서야 하는 순간이 찾아온 것입니다. 그렇다면 저는 어떤 절차로 사내에 육아휴직 소식을 알렸을까요?

일단 회사에는 2022년의 10월 말을 기점으로 육아휴직 관련 이야기를 꺼내게 됐습니다. 직장 내에도 제 나름의 예절이 있기에 무시할 수 없어 실무자인 옆 사수에게 먼저 이야기하고 팀장님 그리고 동장님께 보고하는 순으로 진행했습니다. 사수였던 선배 공무원의 경우 제가 육아휴직을 한다는 이야기에 응원을 보태줬습니다. 하나둘 소식을 알게 된 주변 직원들의 많은 응원도 이어졌습니다. 이 기세를 이어받아 정기인사 시즌에 육아휴직 사용하게 될 것 같다고 팀장님께 보고드렸습니다. 6개월만 쉬고 돌아오라던 팀장님 이야기가 기억에 남습니다. 육아는 사실 쉬는 게 아니라는 것을 알고 계셨던 것이 아닐까 싶습니다.

만약 본인이 육아휴직을 사용할 계획이라면 번거롭더라도 아래에서부터 절차를 차근히 밟아 상부까지 보고하는 것이 옳다고 봅니다. 육아휴직 결정은 본인이 하는 것이지만 어쨌든 조직에 몸담은 신분이니 예의와 절차는 지켜주는 것이 보기에도 좋고 훗날 본인에게도 좋습니다. 육아휴직을 한다는 것이지 퇴사한다는 건 아니잖습니까. 직장 내 소문 또한 무시할 수 없는 건 사실이니 말입니다.

모든 절차를 뒤로하고 이제 마지막 관문 하나가 남았습니다. 동장님께 보고드릴 차례입니다. 숨을 깊이 들이쉬고 동장실 문을 똑똑 두드리고 들어갔습니다. 간단한 업무 보고 이후 육아휴직 이야기를 꺼냈습니다. "동장님, 저 육아휴직 쓰겠습니다." 이 말을 꺼내기 전에 동장님께서는 저희 아이의 상황을 이미 어느 정도는 알고 계시긴 했습니다. 종종 동장실에서 업무를 보고하며 출산 이후 아이 관련 소식을 먼저 전해드리곤 했었기 때문입니다. 물론 동장님도 흔쾌히 수긍하셨습니다. 아이가 치료 잘 받고 예쁘게 성장했으면 좋겠다는 말씀도 해주셨고, 아내 잘 챙기라는 말씀과 조금만 쉬고 돌아오라는 기분 좋은 잔소리도 많이 해주셨습니다. 모든 절차와 보고를 순조롭게 마쳤습니다.

그렇게 육아휴직 관련 보고도 마무리되고 11월을 기해서 기다리고 기다리던 육아휴직 신청 공문이 내려왔습니다. 공문에 대한 회신 이후 일부러 더욱더 열심히 일했습니다. 다음 인계자를 위한 인수인계서도 재정비하고 업무도 꼼꼼하게 마무리했습니다. 조금 있으면 육아휴직 들어갈 사람이라고 일 대충 한다는 소리 정말 듣기 싫었습니다.

2022년 12월 31일 마지막 출근 날이 다가왔습니다. 기분이 참 후련했습니다. 퇴사도 아니고 단지 1년짜리 육아 휴직인데 말입니다. 좋은 사람들과 함께해서 즐거웠고 다음번에 더 좋은 곳에서 다시 만나기를 희망하며 당분간 안녕을 고했습니다. 이제 아내가 고군분투하고 있는 육아 전선에 뛰어들 모든 준비를 마쳤습니다. 과연 저는 아이에게 어떤 아빠가 그리고 아내에게는 어떤 남편이 될 수 있을까요? 정말 궁금했습니다. 이제부터 본격적인 육아 휴직 이야기가 시작됩니다.

3장

공동육아,
이렇게나 힘들 줄이야!

마음을 위대한 일로 이끄는 것은

오직 열정, 위대한 열정뿐이다.

드니 디드로 *Denis Diderot*

13.

여태껏 이걸 혼자 다 했다고?

2023년 1월 1일 계묘년 새해가 밝아왔습니다. 이제 1년은 육아휴직이라는 명목 아래 아내와 함께 집중적으로 아이를 돌볼 수 있는 시간이 마련됐습니다. 하루 24시간, 아이 그리고 아내와 함께할 수 있는 시간이 공식적으로 허락된 셈입니다.

제가 직장에 다니는 동안, 출산 후 아내는 오롯이 혼자서 석 달간 아이를 돌봤습니다. 왜 독박 육아라고 하잖습니까. 아내 홀로 울고, 밥 먹고, 대소변 보는 일을 무한 반복하는 아이를 돌보면서 집 안 정리도 하고 남편 식사까지 챙겨주는 일당백 역할을 해왔습니다.

휴직 전 퇴근하고 집에 돌아온 어느 날, 아내가 제게 이런 말을 꺼낸 적이 있었습니다. "남편은 당분간 회사 출근해야 하니까 아이 돌보는 일은 나한테 맡겨. 내가 다 할게." 그 말을 들은 이후 회사 다니는 동안에는 그 말만 믿고 육아를 어느 정도 등한시했던 것도 사실입니다. 아내가 고군분투한다는 걸 알고는 있었지만, 적극적으로 나서진 않았습니다. 회사에서 돈을 벌고 있었으니 저 또한 나름 제 몫은 하고 있다고 생각했습니다.

회사 다닐 때는 '아이를 돌보는 게 그 정도로 힘들까? 집에 있으면 그래도 좀 편하지 않을까?' 정도의 생각만 했지 실제로 어느 정도일지 가늠이 안 갔습니다. 주말에 간간이 아이와 짧게 놀아주는 정도에 그쳤으니 알 턱이 없었습니다. 제가 상상했던 우리 딸의 모습은 '가끔 칭얼대는 귀여운 천사'로 정도로 미화돼 있었으니 말 다 한 셈입니다.

　육아를 본격적으로 시작한 지 며칠도 안 돼 '육아 너무 힘들다.'라는 말이 절로 나왔습니다. 밤낮없이 울어대는 아이를 달래 분유 먹이고 대소변 처리하고 기저귀까지 갈아줌과 동시에 청소와 빨래까지 하다 보니 하루가 정말 순식간에 지나갔습니다. 혼자 하는 일치고는 업무의 양이 정말 많아 보였습니다. '진짜 말도 안 돼. 이걸 이제껏 혼자 다 했었다고?' 하며 혀를 내둘렀습니다.

　동시에 아이의 검진을 위해 병원 갈 일도 많아졌습니다. 아이가 2022년 12월 수술을 받게 된 이후 서울아산병원과 압구정에 있는 치과를 주기적으로 방문해야 할 일이 많아졌기 때문입니다. 진료를 받으러 가는 올림픽대로는 어찌나 그렇게 막히던지 몸이 딱 한 개만 더 있었으면 좋겠다 싶었습니다. 어렸을 적 모 방송사에서 〈체험, 삶의 현장〉이라는 프로그램을 봤던 추억이 자연스레 떠올랐습니다. 연예인이 현장에서 구슬땀을 흘리면서 노동의 가치를 알아간다는 콘셉트였던 것으로 기억하는데, 딱 그런 상황이었습니다. 가끔 오전 진료가 있던 날, 아이가 곤히 잠자는 틈을 타 차 안에서 아내와 속삭이며 김밥을 나누어 먹었던 기분 좋은 추억도 물론 있었긴 하지만 말입니다.

본래도 대단한 여인이라 생각하긴 했었는데 막상 제가 육아 전선에 직접 뛰어드니 새삼 아내가 더욱 멋져 보였습니다. 둘이 해도 좀 벅찰 것 같은데 여태껏 아내는 이 모든 걸 혼자서 3개월이나 했다니 제 상식에서는 이해가 안 됐습니다. 그간 아기 보느라 힘들다는 볼멘소리도 한 번 안 꺼냈던 아내였습니다. 괜찮은가 보다 했는데 막상 제가 해보니 아내는 그냥 대단한 엄마였습니다. 세상의 모든 엄마는 역시 모두 위대합니다.

'이 정도로 아내가 육아에 과중했던 상태라는 걸 알았더라면 무리해서라도 더 일찍 휴직에 들어와야 하지 않았을까?'라는 미안함이 들었습니다. 백지장도 맞들면 낫고 육아도 함께 하면 한결 더 수월하기 마련입니다. 같이 육아휴직 하길 정말 잘했다 싶었습니다.

　부부간에 티키타카만 제대로 들어맞는다면 명문 축구 팀 바르셀로나 저리 가라 할 정도의 완벽한 조화를 이루어 낼 수 있는 시간이 바로 동반 육아휴직입니다. 공동육아를 하며 서로의 부족한 점을 채워주고 모든 육아 과정에 함께하는 시간을 통해 전우애와 같은 부부애가 더욱더 단단해질 것이 분명합니다.

공동육아, 이렇게나 힘들 줄이야!

여태껏 이걸 혼자 다 했다고? – 씽씽카를 좋아하는 호떡이

14.

공무원은 육아휴직 하면
대체 얼마나 받을까?

국가 및 지방공무원법에 따르면 만 8세 이하의 자녀 또
는 초등학교 2학년 이하의 자녀를 양육하거나 임신·출
산을 앞둔 여성 공무원은 누구나 육아휴직을 사용할 수
있습니다. 한 자녀 기준으로 최대 3년의 육아휴직을 사용
할 수 있으며, 최초 1년은 기본급의 80%에 해당하는 수당
(최대 150만 원, 최소 70만 원)을 지원받을 수 있습니다.
만약, 월급이 200만 원이라고 가정한다면 최대 상한선인
150만 원을 받을 수 있고 월급이 100만 원이라고 한다면

80%에 해당하는 80만 원을 받을 수 있습니다.

사실 이 수당을 한 번에 받을 수 있는 건 아닙니다. 육아휴직 중에는 최대 상한선인 월급의 85%만 지급되며 나머지 15%에 해당하는 부분은 복직 이후 사후 지급금의 형태로 받게 됩니다. 예를 들어 휴직 기간 수당을 150만 원을 받게 된다고 가정해 보겠습니다. 이럴 때 150만 원의 85%에 해당하는 127만 5천 원은 휴직 중에 받을 수 있고 나머지 22만 5천 원은 복직 후 일정 기간(6개월 이상)이 지나면 일괄적으로 받을 수 있습니다. 2024년에는 지급 방식이 일부 변경되어 둘째 자녀의 육아휴직에 대해서는 수당을 나누어 지급하지 않고 육아휴직 수당을 100% 전액 지급하는 것으로 변경되었습니다. 다가올 2025년에는 공무원 육아휴직 급여 지급 상한액은 250만 원까지 확대될 예정입니다.

복잡하긴 합니다만 결론은 '조금밖에 안 준다.'입니다. 공무원 월급에서 수당이 차지하는 비중은 상당한데 휴직 중에는 일을 하지 않으니 가계에 보탬이 되는 수당의 존재는 일절 없습니다. 다만, 육아휴직 전년도 기준 2개월 이상의 근무 기간이 충족된다면 다음 해 성과금은 받을 수 있습니다. 어쨌든 총 3년의 육아휴직 중 기본급이 지급되는 1년의 육아휴직을 사용한 이후에는 어떻게 될까요? 나머지 2년의 육아휴직은 무급으로만 사용 가능하므로 대부분 1년의 육아휴직을 사용하고 복직하는 분위기입니다. 향후 아이가 초등학교에 들어갈 경우를 대비해 1년 정도 휴직 기간을 남겨두기도 합니다.

공무원 조직에서도 남성의 육아휴직을 장려하는 분위기입니다. 육아휴직 급여에 대한 지원도 확대되고 있습니다. 2023년 기준 부부 중 한 명이 육아휴직을 먼저 사용하고 연달아 다른 부모가 육아휴직을 사용할 경우, 후자에게는 3개월간 기본급을 100% 지급하는 '아빠의 달' 제도가 마련되기도 했습니다. 2024년부터는 아빠의 달 사용 시 6개월 동안 급여의 100%를 지원하며 남성이 아내와 함께 공동으로 육아할 수 있는 환경도 더욱더 개선되

공동육아, 이렇게나 힘들 줄이야!

고 있습니다.

공무원은 육아휴직 하면 대체 얼마나 받을까? - 장난감을 응시하는 호떡이

그렇다면 여러분께서 가장 궁금해하실 육아휴직 기간,
제가 받았던 육아휴직 급여는 얼마나 됐을까요? 지금 바
로 공개합니다. 2023년 1월 1,275,000원, 2월 2,975,000

원, 3월 2,125,000원의 기본급을 받았습니다. 부부 모두 동반 육아휴직을 하게 되어 아빠의 달 사용으로 3개월은 100% 기본급을 받았습니다. 월마다 급여가 일정하지 않았던 이유는 동반 육아휴직 사항이 급여 담당자에게 제때 전달되지 않았기 때문입니다. 이후 4월부터는 본래대로 고정된 금액 1,275,000원을 12월까지 받았습니다. 아내의 경우 출산휴가와 육아휴직 사용을 병행했는데, 출산휴가 중에는 기본급 100%를 받았고 나머지 기간은 저와 같이 1,275,000원을 1년간 받았습니다. 이 기간을 모두 합산하면 대략 3,800만 원의 월급이 들어온 것으로 계산됩니다. 이 기간, 부부 모두 동반 휴직이었던 점을 고려해 기여금은 선 공제하지 않고 전액 받았습니다. 기여금을 미리 낼 것이냐 아니면 나중에 낼 것이냐는 본인이 선택 가능하며 장단점이 분명하기에 개인의 상황에 따라 충분히 고민한 이후 결정하면 되겠습니다.

공동육아, 이렇게나 힘들 줄이야!

공무원 기여금,
육아휴직 중에 낼까요? 아니면 복직 후에 낼까요?

기여금이란 공무원 연금에 대비해 매달 월급에서 일정액을 떼어 납부하는 금액을 말합니다. 일반기업의 국민연금과 같은 성격입니다.

공무원 기여금은 육아휴직 중에 낼 수도 있고 복직 후에 내는 것으로 미룰 수도 있습니다. 육아휴직 중 기여금을 납부할 경우 30여만 원의 기여금이 차감된 수당을 받게 됩니다. 당장 수입이 적어지는 단점이 있지만 향후 복직 시 이중으로 기여금을 내야 하는 부담이 없습니다.

반대로 휴직 중 기여금 납부 없이 수당을 받는다면, 휴직 기간 수입 공백을 최소화할 수는 있으나 복직 후 이중으로 기여금을 내야 하는 부담이 생길 수 있습니다. 이처럼 장단점은 분명하게 구분됩니다.

저희 부부의 경우 복직 후에 기여금을 내기로 하고 육아휴직 중 기여금 공제 없이 수당을 전액 받았습니다. 복직을 앞두고 미납된 기여금에 대해서는 공무원연금공단을 통해 일시납 제도를 이용해 기여금을 납부했습니다. 본인이 여유가 있다면 기여금을 공제하고 수당을 받는 방법도 괜찮고, 저희와 같이 일시납 제도를 활용하거나 복직 후 월급에서 기여금이 차감되는 형태를 이용하셔도 됩니다. 정답이란 건 세상에 없고 부부의 상황에 맞게 적절하게 선택하시면 됩니다. 가장 중요한 것은 아이와 함께하는 것이니까요.

실제로 공무원이 육아휴직 중에 받는 월급 적나라하게 보시니 어떠신가요? '으악, 저걸로 어떻게 살아.'라는 생각 드시나요? 당연히 부족할 수도 있고, 어쩌면 괜찮을 수도 있습니다. 정말 공무원다운 답변입니다. 사람은 변화하는 환경에 적응하는 동물입니다. 저희 부부는 다행히도 육아휴직이라는 환경에 아주 빠르게 적응했습니다. 원래 절약을 즐기는 부부였기도 해서 돈에 대한 스트레스를 크게 받진 않았습니다.

한편, 만약 부부 모두 동반 육아휴직을 계획하고 있다면 적어도 이 기간만큼은 무조건 '절약'에 초점을 맞춰야 합니다. 직장을 다닐 때와 같이 맞벌이 수준의 소비를 유지하게 되면 정말 큰코다칠 수 있습니다. 매달 급격하게 줄어드는 통장 잔고를 보며 그로 인해 스트레스받을 확률 또한 커지며, 돈 때문에 본인의 육아휴직 결정에 바보처럼 의구심을 품는 순간도 찾아올 수도 있습니다.

두 마리 토끼를 동시에 잡을 건 불가능합니다. '자녀와 함께하는 시간'이라는 토끼를 잡기로 마음먹었다면 '돈'이라는 토끼를 과감하게 포기하고 절약 중심의 삶을 살아야 합니다. 원래 절약을 잘하시는 분이라면 이미 한 단계는 준비를 마친 셈입니다. 다른 관점에서 바라본다면 저는 육아에 대해 깊이 알아가고 절약하는 습관을 기르며 오히려 다른 방면의 두 마리 토끼를 잡을 수 있다고 봅니다.

추가로 동반 육아휴직을 계획하신다면 상황에 대비하여 일정 규모의 자금을 사전에 어느 정도 마련해 두는 것을 권하고 싶습니다. 자금의 규모가 커질수록 휴직 기간 물질적, 정신적으로 어느 정도 안정되며 더욱더 효율적인 육아휴직 기간을 만들 것이라 확신합니다. 또한, 휴직 기간 수입이 없다고 해서 가계부 작성을 등한시하는 행동도 지양해야 합니다. 수입은 고정되어 있지만, 지출을 기록하면서 통제 가능한 부분을 발견할 수 있으므로 세세하게는 아니더라도 대략적으로는 작성하고 꾸준히 점검하는 것을 권해드립니다.

이번 장은 공무원 육아휴직 시 받게 되는 급여에 대해 알아봤습니다. 어떠신가요? '이런 사람들도 하는데 난들 못 하겠어?'라는 생각이 드실 것 같습니다. 동반 육아휴직에 대해 오히려 용기를 갖게 된 분이 많지 않을까 짐작해 봅니다. 무엇이든 해보지도 않고 포기하기엔 우리의 인생이 너무나 소중합니다. 월급날은 매달 돌아옵니다. 다음 달에도 돌아오고 다음다음 달에도 돌아올 겁니다. 반대로 아이와 함께할 수 있는 시간은 절대 돌려낼 수 없습니다. 이번 장을 통해 동반 육아휴직이라는 기분 좋은 상상을 해보는 시간을 꼭 한번은 가져보셨으면 합니다.

15.

그래서 복직은 언제 할 건데?

부부가 함께 육아휴직을 하게 되면서 자주 들었던 질문 하나가 있습니다. 가족, 친척들을 비롯해 주변 지인들을 만날 때마다 귀에 못이 박히도록 꼭 한 번씩은 들었던 질문, "그래서 복직은 언제 할 건데?"입니다.

남성의 육아휴직이 점진적으로 늘어나는 추세이긴 하나 부부가 동시에 육아휴직 하는 사례는 여전히 주변에 흔하지 않고 색안경을 끼고 볼만한 사안처럼 보입니다.

'아이 아빠한테 무슨 문제 있나?' 싶은 생각이 드는 게 어쩌면 당연하게 느껴지기도 합니다. 주로 아내가 육아휴직에 들어가는 경우가 많고, 설령 남편이 육아휴직을 한다고 해도 아내의 육아휴직 기간이 종료된 시점에 맞추어 교대하는 형태가 주류이기 때문입니다.

　오전 시간, 아이를 유모차에 태워 산책을 나올 때마다 제가 자주 봤던 풍경 하나가 있습니다. 바로 엄마와 아이가 함께 있는 모습입니다. 그 시간대에 아빠와 함께 다니는 아이의 모습은 손에 꼽을 정도로 본 것 같습니다. 저희와 같이 부부와 아이가 함께 산책 나온 경우는 더더욱 드물게 보였습니다. 동네 놀이터만 가도 엄마와 함께하는 아이들은 수두룩하게 보이는데 아빠와 놀고 있는 아이들의 모습은 왜 그렇게 찾기 힘들었는지 모르겠습니다.

　여느 모임을 가게 되면 으레 서로의 안부를 묻게 됩니다. 안부를 묻는 인사에 육아휴직 중이라고 답하면 대부분은 "아이 엄마는 회사에 있고?"라거나 "남편이 애를 왜

그래서 복직은 언제 할 건데? – 공원에서 호떡이와 함께

봐? 돈 벌어야지."와 같은 반응이 대다수였습니다. 부부가 함께 육아휴직 중이라고 하면 저희가 퇴사를 한 것도 아닌데 다소 놀라는 눈치였습니다.

"대단하다.", "용기 있다."라는 말을 건네주는 분들도 간혹 있었는데 종국에는 짜 맞추고 질문하나 싶을 정도로 똑같은 말을 들었습니다. "그래서 복직은 언제 할 건데?" 심지어 양가 부모님께서도 비슷한 반응을 보이셨습니다. 많이 궁금하셨을 것입니다. 박봉인 공무원 애들이 월급을 제쳐놓고 동시에 아이 키우겠다고 하니 말입니다. 저희가 어떤 과정으로 육아휴직을 결정하게 됐는지 물어보는 이는 많지 않고, 그 대신 걱정을 해주는 분들은 주변에 정말 많았습니다. "양육비가 만만치 않을 텐데."라고 말씀해 주시는 분도 계셨고 "한 명이라도 먼저 복직하는 게 낫지 않아?"라는 말도 정말 많이 들었습니다. 그 자리에서 계좌번호라도 드릴 걸 그랬나 봅니다.

사람들을 만날 때마다 매번 똑같은 말을 앵무새처럼 계

속하려니 저 스스로 변명하는 것 같았습니다. 그래서 언젠가부터는 질문에 대한 답변을 최대한 간결히 가져갔습니다. "그러게요.", "그러니까요." 정도로 말입니다. 동반 육아휴직을 하게 된 진짜 이유에 관해 묻는 사람 몇몇 외에는 육아휴직이란 단어는 입 밖에 내지도 않았습니다. 왜 육아휴직을 하게 됐는지 말만 장황하게 늘어뜨리는 사람이 되기보다 그냥 여봐란듯이 행동으로 증명하고 싶었습니다.

사실 육아휴직을 결정하게 된 이유는 다음과 같습니다. 가장 최우선적인 이유는 구순열 수술을 받은 아이의 원활한 회복을 지원하기 위해서였습니다. 한 달에 몇 번씩 아이를 데리고 서울 소재의 병원을 아내 혼자 다녀야 하는 일정에도 동행하고 싶었습니다. 회사에 다니는 이유는 가족을 위해서니 돈이나 경력이 중요한 게 아니었습니다. 다른 한편으로는 먼 훗날 자녀에게 '너의 어린 시절 아빠가 너와 함께했었다.'라고 멋지게 말하고도 싶었습니다. 이뿐만 아니라 여러 복합적인 이유도 얽혀 있었습니다.

"자식이 아파서 돌봐야 해요."라고 제 입으로 굳이 말하고 다니고 싶지도 않았고, 직장인 위치에서 본다면 큰 사고만 치지 않는다면 20년 넘게 다닐 회사인데 그 긴 시간 중에 1년이라는 시간을 아이에게 할애하는 게 전혀 나쁜 선택도 아니라고 봤습니다. 어떤 때는 아이가 제게 "아빠 좀 쉬어가도 괜찮아요!"라고 말하며 전해준 선물이라고도 생각했습니다.

주어진 상황이나 여건은 모두 다르지만, 육아휴직 사용이 가능한 경우의 패를 쥐고 계신다면 돈이 들어가는 일도 아니니 한 번쯤 깊게 고민해 보시는 것도 나쁘지 않으리라 봅니다. 육아도 육아라지만 휴직 기간 의외의 재능을 가진 자신을 발견하게 될 수도 있습니다. 그로 인해 본인 또한 한층 더 성장하는 모습을 볼 기회가 찾아올 수 있습니다. 글쓰기를 한 번도 해보지 않았던 제가 이렇게 책을 출간하게 된 것과 마찬가지로 말입니다. 잠시 쉬어갈 때 주변을 관찰하고 더 멀리 내다볼 수 있다는 말 꼭 기억하시길 바랍니다.

16.

나도 도비도 자유를 외쳤다

　육아휴직을 하며 솔직히 가장 좋았던 점을 하나 꼽으라
한다면, 아이와 온종일 같이 있을 수 있다는 사실도 아니
고 아내와 함께한 24시간도 아닌 '출근을 안 해도 되는 자
유'가 부여됐다는 점입니다. 당분간은 강제로 아침 일찍
일어나지 않아도 되고, 일요일 밤마다 겪는 불면증 또한
한동안은 일절 걱정 안 해도 됐습니다. 늦은 오후, 커피를
마시면 잠을 잘 자지 못하는 예민한 체질 탓에 일요일 오
후에는 일절 커피를 마시지 않기도 했던 저였습니다. 그

런 제가 휴직 이후 할 일은 하루 내 오롯이 '아내와 함께 아이 양육에 최선을 다함.'이라는 미션 하나만 끝마치면 되는 일이었습니다.

날것과 같은 24시간을 스스로 재단해 생활할 수 있다는 사실 또한 만족스러웠습니다. 입사 후 지난 7년간 직장인 신분으로 수동적으로 살아왔으니 당연할 법도 합니다. 소설 『해리포터』에 등장하는 '도비'라는 인물이 있습니다. 도비는 말포이 집안의 노예 요정으로 우연한 기회를 통해 자유를 얻게 되는 인물입니다. 이내 도비가 소설 속에서 뱉은 문장 하나가 절로 떠올랐습니다. "도비는 이제 자유예요." 그 말처럼 저도 이내 자유를 외쳤습니다.

육아휴직을 준비하며 틈나는 대로 스마트폰 메모장에 기록해 뒀던 일들을 하나씩 실행하기 시작했습니다. 아침 일찍 일어나 집 앞 공원에서 가볍게 러닝도 하고, 아내를 위한 요리도 하고, 회사 일한답시고 차일피일 미뤄놨던 블로그 포스팅도 재개했습니다. 육아하는 일련의 시간을 기록하고 싶어 블로그도 추가로 하나 더 개설해 꽉 채운 24시간을 만들어 보고자 했습니다. 새로이 알게 된 글쓰기 플랫폼에 글도 하나씩 연재해 보기로 다짐합니다. 제게 부여된 1년이라는 소중한 시간 정말 알차게 사용하고 싶었습니다.

자기 계발을 하는 건 좋다 이 말입니다. 근데 이렇게 여러 가지 일을 동시에 벌이면 도대체 양육은 언제 할까요? 맞습니다. 당연히 이도 저도 안 될 가능성이 커집니다. 아이를 돌봄과 동시에 주어진 하루를 완벽하게 소화하고 싶었던 욕심 때문에 계획 대부분은 얼마 버티지 못하고 흐지부지됐습니다. 능력은 쥐뿔도 안 되는데 하고 싶은 것만 많았던 제 욕심이 컸습니다.

동반 육아휴직의 장점 중 하나는 육아 바통 터치가 가능하다는 것입니다. 한 사람이 아이를 돌볼 동안 다른 한 명은 자기 계발이든 휴식을 취하든 본인만의 시간을 마련할 수 있습니다. 육아휴직을 계획한다면 육아와 더불어 아마 뭔가를 시도하며 알차게 보내고 싶은 마음이 굴뚝같으실 겁니다. 다만 한 가지 염두에 두셔야 하는 부분이 있습니다. 시간은 본인이 세운 계획과 매우 다르게 탄력적으로 흘러갈 수 있다는 사실 말입니다. 아기는 손이 정말 많이 갑니다. 뭐 하나 하는 데 걸리는 시간도 혼자 할 때보다 2~3배 정도는 더 길어집니다. 이럴 경우, 시간에 쫓기게 되고 알차게 계획한 하루의 시간은 자주 무너지게 됩니다. 이와 동시에 육아에 대한 피로도 점점 쌓여갑니다.

아마 아이를 재우고 고요한 한밤중에 개인 공부 등을 할 수도 있을 것입니다. 그런데 이 또한 쉬운 건 아닙니다. 아이가 잠이라도 깨면 아이 달래느라 일의 흐름이 끊기기도 하고 나태한 인간이라는 특성 덕분에 육퇴(육아퇴근) 후에는 좀 쉬면서 맥주 한잔하면서 육아 피로를 날려버리고 싶은 마음도 자주 굴뚝같이 찾아옵니다.

육아휴직 중 자기 계발을 계획하신다면 더도 말고 딱 한두 가지만 목표 삼고 집중해서 결과까지 내보는 것을 추천합니다. 예를 들어 운동이 목표라 하면 '보디 프로필 촬영' 또는 '마라톤 완주' 등에 도전해 보고, 독서라 한다면 '1년에 책 100권 읽기' 등의 방식으로 한두 가지의 목표를 정확히 정해 몰입해 보는 겁니다. 이 정도만 하셔도 충분한 자기 만족감을 느끼실 겁니다. 육아 중에는 하루가 절대 계획대로 되는 일이 없습니다. 언제나 변화무쌍한 것이 육아라는 세계니 말입니다.

그래서 육아휴직 기간, 저는 무엇을 얻어냈을까요? 가족의 사랑을 얻어냈습니다. 농담이고, 아내에게 양해를 구해 평소에 듣고 싶었던 강의 등을 정말 많이 듣고 공부했습니다. 생각의 전환이 일어나는 계기도 마련하고, 현재는 '인생의 황금열쇠'를 찾기 위해 부단히 탐험 중입니다. 육아라는 기본적인 대전제가 있긴 하지만 휴직 중 여러분의 시간은 반드시 존재합니다. 시간은 부자든 빈자든 누구에게나 동일합니다. 육아휴직을 통해 본인의 숨겨진 능력을 발견하는 시간 꼭 만들어 보시기 바랍니다.

17.

아빠는 우리 집 집사 할래

  출산 후 지난 석 달간 아이를 혼자 돌보다시피 한 아내는 이미 아이와 충분한 교감이 형성되어 있었습니다. 표정으로 아이의 세밀한 기분 변화까지 단번에 알아챌 수 있는 수준에 다다랐습니다. 온종일 같이 있었으니 그럴 만도 했습니다. 아내가 참 대단해 보이기도 하고 한편으로는 부럽기도 했습니다. 엄마로서의 소임을 이미 충분히 해내고 있어 보였으니 말입니다.

반면에 저는 어땠을까요? 양육자로서 미숙한 점이 정말 많아 아내에게 아이 돌보는 방법을 하나씩 다시 배워나갔습니다. '각자의 양육 스타일이 있는 거야.'라는 이상한 논리로 제 마음대로 아이를 돌봤던 방법들을 하나씩 바로잡기 시작했습니다. 안아주는 방법, 목욕시키는 방법, 분유 만드는 방법 등을 세세하게 조언받다 보니 제가 미숙한 부분이 이렇게 많았나 싶었습니다.

육아에 대해 제가 가장 안일하게 생각했던 부분 하나가 있었습니다. 그것은 '아이의 감정을 살피는 육아'를 행하지 못했다는 사실이었습니다. 눈앞에 놓인 일거리들에 대해서만 집중했지 정작 아이 감정을 살피는 일에는 큰 관심이 없었습니다. 마치 회사에서 업무 처리하듯이 육아를 해왔던 겁니다. 육아 중 할 일은 평소보다 정말 많아집니다. 육아는 당연하거니와 집안의 대내외적인 것들도 동시에 챙겨야 하니 일이 많아질 수밖에 없습니다. '청소하고 다음에 빨래 돌려야겠다. 다음에는….' 저는 주로 이런 계획에만 집중했습니다. 그래서 그랬는지는 몰라도 아이는 저와 있을 때 유난히 칭얼대고 울어댔습니다.

저는 계획을 미리 세우고 일을 처리하는 것을 선호합니다. 하지만 그건 어디까지나 제 스타일이지 육아는 전혀 별개였습니다. 육아는 계획대로 되는 법이 정말 하나도 없었습니다. 변수가 너무 많아서 항상 계획은 그저 계획에 불과한 날이 대부분이었습니다. 계획적으로 풀리지 않는 날에는 홀로 스트레스를 받고 풀고를 반복하다 제 나름대로 계획적이고 효율적으로 육아하는 방법은 없을지 고민하기 시작했습니다.

아이와 함께 있는 시간이 많아지면 부모는 자연스레 육아 외 다른 일에는 소홀해지기에 십상입니다. 집 안 청소나 요리, 빨래 등 육아하며 여러 일을 동시에 해내기란 쉽지 않으니 말입니다. 이 부분에 집중해 보기로 했습니다. 아이 육아에는 조금 서투르지만 다른 면으로 육아에 보탬이 될 방법을 고민했습니다. 그런 제 결론은 집안의 '집사'가 되는 것이었습니다.

예를 들어 제가 집 안 청소, 장보기, 요리, 세탁 등을 도맡는 집사 역할을 하고 육아에 저보다 훨씬 능숙한 아내가 주로 양육을 담당하는 형태 말입니다. 실제로 블로그에 나오는 요리 레시피를 훑어보며 삼시 세끼 밥을 만들어준다거나 유튜브에서 청소하는 방법에 관한 영상을 찾아보고, 직접 과탄산소다, 베이킹소다 등을 구매해 화장실, 창틀도 깨끗이 닦다 보니 생각보다 집안일이 적성에 맞았습니다.

　어느 날은 제가 진짜 전업주부가 된 느낌도 들었습니다. 아침을 먹고 나면 점심시간은 어찌나 그렇게 빨리 돌아오는지…. 하루가 순식간이었습니다. 장보기도 주로 제가 하다 보니 시장 물가에 민감한 저를 발견하기도 했습니다. '오늘은 애호박이 이천 원이나 하네, 여기는 청양고추가 왜 이렇게 비싸지?' 하며 툴툴대거나 딸기를 저렴한 가격에라도 구매한 날에는 그렇게 기분이 좋을 수가 없었습니다.

육아휴직 후 몇 달의 시간이 흐르며 저희는 각자의 재능을 뽐내기 시작했습니다. 아내는 저보다 아이 돌보는 것을 훨씬 잘하는 사람이었고, 저는 아내보다 요리나 청소하는 것을 더 좋아하는 사람이었습니다. 사람은 누구에게나 뛰어난 부분이 하나씩 있기 마련입니다. 정해진 부부의 역할은 없습니다. 아빠가 엄마보다 오히려 아이를 더 섬세하게 돌볼 수도 있고, 엄마도 아빠 못지않게 몸을 부딪치며 신나게 놀아줄 수 있습니다. 각자에게 주어진 달란트를 찾아보고 역할을 나누어 육아에 임해 보시기 바랍니다. 시간도 효율적으로 사용할 수 있고 더욱 효과적인 육아가 가능합니다. 그전에 부부간의 합의는 꼭 선행되어야 함은 물론입니다.

18.

새로운 기능이 업데이트되었습니다

　부부 모두 육아휴직을 하며 온종일 집에 머무르니 삼시 세끼 대부분을 집에서 먹는 날이 많았습니다. 회사에 다닐 때는 점심과 저녁을 대부분 해결하고 왔고 주말에는 이따금 외식을 해왔던 터라 매일 밥을 해 먹어야 하는 상황이 좀 어색하게 느껴졌습니다.

　집사 노릇을 자처하며 요리라는 과업을 맡게 된 저는 처음에는 음식을 직접 해 먹기보다 주변 밀키트 전문점

등에서 반 조리된 음식을 사 와 간단히 끓여 먹거나 가끔 어머니와 장모님께서 가져다주신 음식으로 식사를 만들어주곤 했습니다. 그런데 매번 밀키트만 사다 먹을 수는 없는 노릇이었습니다. 당분간 수입에 제한이 있는 저희 사정에 마냥 사다 먹는 것도 한계가 있었습니다. 편하긴 하지만 편한 만큼 그대로 지출로 잡히니 가계부에 적색등이 들어올 수 있었으니 말입니다.

　그렇다고 요리를 한 번도 안 해본 건 아니었습니다. 언젠가 집에 먹을 게 없어 찬장을 뒤지다가 쌀국수라면 두 개를 발견해 슈퍼에서 숙주 하나 사서 엊저녁에 먹다 남은 불고기를 얹어 아내에게 만들어 준 적이 있었습니다. 당시, 아내가 정말 맛있게 먹어줬는데 그때가 아마 제가 처음으로 아내에게 요리라는 걸 해준 순간으로 기억합니다.

새로운 기능이 업데이트되었습니다 – 아내에게 처음 만들어 준 쌀국수

　여느 날과 다름없이 '오늘은 뭘 먹어야 하지?' 고민하다
가만히 주방을 살펴봤습니다. 팬트리 한구석에는 쌀자루
가 놓여 있고, 냉장고에는 양파나 대파 같은 기본적인 채
소가 눈에 띄었습니다. 음식을 만들기 위한 기본적인 재료
들은 어느 정도 갖춰져 있었던 셈입니다. 그렇게 '음식을

직접 만들어 볼까?'라는 생각을 난생처음 해보게 됩니다.

밥을 짓기 위해 물을 어느 정도 채워야 하는지도 모르고 칼도 제대로 다룰 줄도 모르는 제가 아내에게 이것저것 하나씩 물어보기 시작했습니다. "밥 지으려면 물은 어느 정도 넣어야 해?", "전기밥솥 예약은 어떻게 하는 거야?"를 시작으로 조금씩 주방에 머무르는 시간이 길어졌습니다. 생각보다 요리가 재밌게 느껴져서 요리를 만드는 과정을 개인 블로그에 올리기도 했습니다. 여러 블로그를 보며 요리법을 익히고, 잊어버리면 다시 보고를 반복하며 음식을 하나하나 만들어 보게 됐습니다.

정성을 다해 만든 음식을 식탁에 올리고 아내가 맛있게 먹어주는 날에는 그렇게 기분 좋을 수가 없었습니다. 엄마의 마음을 이제야 알 것 같았습니다. 행여나 제가 만든 음식에 젓가락이 많이 가지 않는 날에는 아쉬움도 조금 있었지만, 그런데도 맛없는 음식을 최대한 맛있게 먹어주는 아내에게 늘 고마웠습니다. 제가 생각해도 고개를 갸

우뚱하게 만드는 음식, 사실 은근히 있었습니다.

아내에게 요리해 준다는 만족감과 지출 방어라는 목적 외에 제가 요리를 시작한 이유가 또 하나 있었습니다. 바로 제가 먹고 싶은 음식을 직접 만들어 먹을 수 있었기 때문입니다. 어느 날, 된장찌개가 정말 먹고 싶었는데 온종일 아이를 돌보는 아내에게 요리해달라고 말하기 미안해 직접 만들어 보게 됩니다. 온갖 채소를 부엌에 꺼내놓고 블로그 보면서 만들었던 기억이 새록새록 납니다. 푹 끓이면 더 맛있는 된장찌개가 만들어지는데, 의도치 않게 요리 시간이 길어져 생각보다 괜찮은 인생 첫 된장찌개가 만들어졌습니다.

뭐든 처음이 어렵지 하면 할수록 손에 익게 되는 법입니다. 매일 아침, 점심, 저녁 식사를 책임지다시피 하니 만들 수 있는 음식도 하나씩 늘어갔습니다. 그렇다고 제가 거창한 요리를 만들 수 있게 된 수준은 아니고 된장찌개, 김치찌개, 콩나물국, 북엇국 정도는 레시피 없이 조리가 가능한 정도가 됐다는 이야기입니다. 육아 중에는 요리 외에도 할 일이 태산이었으니 더욱 쉽고 빠르게 음식을 만드는 방법도 자연스레 고민하게 됐습니다.

　가정주부는 마트에서 시장 물가를 체감하는 순간이 자주 찾아옵니다. 저는 그 척도를 '애호박'에서 찾았습니다. 된장찌개를 자주 끓여 먹는 부부에게 애호박은 감자만큼 중요한 요리 재료였기 때문입니다. 한동안 애호박 하나에 이천 원씩 하면서 가격이 고공행진 하던 때가 있었습니다. 그렇게 애호박이 비싼 날에는 느타리버섯을 넣어주고, 느타리버섯마저 비싸 보이는 날에는 팽이버섯을 장바구니에 담아 식탁에 올리곤 했습니다.

　이제 저는 주부들의 마음을 정말 충분히 이해할 수 있습니다. 휴직 중의 저는 전업주부와 다름없는 상태였으니 말입니다. 이제는 냉장고 문을 열어 어떤 재료가 있는 빠르게 확인하고 있는 재료를 활용해 어떻게 점심, 저녁을 해결할지 고민할 수 있는 단계까지 다다랐습니다. 바로 검색해서 제가 할 수 있겠다 싶은 레시피는 개인 SNS에 담아두고 직접 만들어봅니다.

딸아이도 이제 조금씩 제가 요리한 음식을 하나씩 맛보고 있습니다. 채소볶음밥, 스파게티, 콩나물국, 된장국 등을 맛있게 먹어주는 날에는 그렇게 행복할 수 없습니다. 만들어준 음식에 입을 한 번도 안 댄 날에는 서운할 때도 있습니다. 그렇지만 괜찮습니다. 제가 요리 실력을 키워 더 맛있는 음식을 만들어주면 그만이니 말입니다.

제가 만든 음식을 앞에 두고 장성한 딸아이와 함께 온 가족이 모여 앉아 오순도순 이야기 나누며 먹고 즐기는 모습을 상상합니다. 요리하는 취미를 알게 해준 아이에게 고맙고 언제나 맛있게 먹어주는 아내에게 감사하다는 말 전하고 싶습니다. 저는 우리 딸아이 덕분에 '요리'라는 제 고유의 능력이 하나 생겼습니다. 육아휴직에 임하지 않았다면 분명 이렇게까지 요리에 진심으로 다가가진 않았을 것입니다.

그렇게 새로운 기능이 업데이트되었습니다. 아이가 점점 자라면서 저는 아이를 통해 또 어떤 능력을 업데이트하게 될지 궁금합니다. 영화 속 히어로와 같은 능력을 아이가 발굴해 주길 희망하며 멋진 아빠로 성장하길 바라봅니다.

4장

공동육아로 우리 부부
모두 쑥쑥 레벨 업!

가는 곳마다 나보다 한 발 먼저 다녀간

시인이 있음을 발견한다.

지그문트 프로이트 *Sigmund Freud*

19.

난생처음 샤우팅!

   이 정도 읽어 내려가셨으면 부부가 함께 육아휴직 하는 상황을 한 번쯤은 상상해 보셨으리라 생각합니다. 어떤 생각이 드시나요? '아무래도 사람이 둘이나 있으니, 육아의 강도는 조금 덜하지 않을까? 혼자 독박 육아하는 것보다는 훨씬 낫겠지? 즐거운 추억 많이 쌓고 있겠다.' 이런 생각들 하시는 분 계실 것 같습니다. 정확히 말하면 반은 맞고 반은 틀립니다. 답변도 공무원답습니다.

공동육아를 하니 육아도 분업할 수 있어 아무래도 조금은 여유가 있는 편이고 종일 얘기 나눌 누군가도 있으니 덜 외로운 것도 사실입니다. 이런 긍정적인 면도 많지만 반대로 싸울 일도 많아집니다. 양육에 대한 엄마와 아빠의 가치관이 다를 수 있어 다툼이 발생할 소지가 다분해지는 것입니다. 당연합니다. 종일 같은 공간에서 생활하게 되니 말입니다. 치고받고 싸운다는 소리는 아니고 '말싸움의 정도가 굉장히 빈번해진다.'라고 보시면 됩니다. 화해 속도도 그만큼 빠르긴 하지만 정말 말도 안 되는 사소한 일들로도 부딪히게 됩니다.

결혼 초 부부가 회사 다니며 맞벌이하던 시기엔 싸울 일 자체가 전혀 없었습니다. 신혼이기도 했고 종일 회사에 있다 보니 아침과 늦은 밤에 보는 정도가 전부여서 주말을 제외하고 실질적으로 함께하는 시간이 적기도 했습니다. 서로 배려도 많이 해줘서 웬만해서는 싸울 일이 거의 없었습니다.

그런데 말입니다. 부부 모두 육아휴직을 하면서 상황이 180° 변했습니다. 하루 내내 함께하면서 아무래도 부딪힐 확률이 조금은 더 높아졌습니다. 보통 저희가 의견이 부딪히거나 말싸움하는 경우 일정 시간 떨어져 서로 진정된 이후 화해를 하는 습관이 있었는데, 아이가 있는 상황에서는 도저히 그렇게 할 수가 없었습니다. 무거운 공기가 집안 전체에 내려앉은 가운데 함께하는 육아는 불편 그 자체입니다.

그렇게 종종 말다툼하기도 했지만 이내 아무 일도 없었다는 듯이 화해를 반복하며 흘러가던 어느 날이었습니다. '육아는 아이템 빨'이라는 말이 있습니다. 실제로 보유한 육아용품이 많을수록 육아는 훨씬 더 수월해집니다. 아이가 자라면서 분유나 기저귀 같은 기본적인 물품 외에 필요 육아용품들이 하나둘 추가로 발생하기 시작했습니다. 구매해야 할 품목이 정말 다양해져서, 아이에게는 미안하지만 육아용품을 구매할 때는 한두 번의 고민은 꼭 하곤 구매해 줬습니다. 휴직 중이어서 돈이 빠듯하기도 했고 무턱대고 소비하다간 통장 잔고가 바닥을 보일 게 뻔했으니 말입니다.

어느 날이었을까요? 아이가 코감기에 걸려 코 막힘으로 잠을 제대로 못 이루는 날이 며칠째 이어졌습니다. 이런 경우 아이도 힘들고 부모도 힘듭니다. 아이는 코가 막혀 잠을 이루기 힘들고, 부모는 아이 챙기느라 선잠을 자게 되니 가족 모두 잠을 제대로 못 자는 최악의 상황이 오게 됩니다.

아이를 키워본 부모라면 유명한 콧물 흡입기 제품 당연히 알고 계실 겁니다. 모르셔도 전혀 상관없습니다. 미리 사 놓으면 좋았을 법한 제품을 저희는 따로 구매하지 않았습니다. 시중에서 10만 원대 후반 정도에 불과한 제품이었는데, 당시에는 돈이 아까워 사지 않았습니다. 당시에는 큰 지출이라 생각했고 다른 물건도 살 게 많으니 차일피일 미뤄뒀습니다. 중고 플랫폼을 이용해서 콧물 흡입기를 사볼까 했지만, 해당 기기는 판매 불가한 의료기기

여서 구할 수도 없었습니다.

　아내는 진작부터 "미리 사두면 좋을 것 같은데?"라고 말하곤 했는데 그냥 못 들은 척 넘기기 일쑤였습니다. 콧물 흡입기가 없었던 탓에 아내는 아이 코가 막힐 때면 항상 면봉을 이용해서 콧물을 제거해 주곤 했습니다. 여하튼 그날은 아이의 코막힘이 너무 심해 다음 날 아침까지 가족 모두가 예민한 날이었습니다. 사건은 코를 혼자서 풀지 못하는 아이를 대신해 아이 엄마가 콧물을 제거해 주는 과정에서 발생했습니다.

　싸움의 시작은 매사 별거 아닌 한마디에 불이 붙게 마련입니다. 잠에서 깬 아내가 "그러니까 진작에 사자고 했잖아."라는 말을 툭 던졌습니다. 그런 저는 어떻게 반응했을까요? 진짜 난생처음 아내에게 급발진하며 고래고래 소리 질렀습니다. "나도 사주고 싶다고! 돈이 없는데 어떻게 해!"라면서 아내에게 인생 첫 샤우팅을 해댔습니다.

돈이 아까웠을까요? 아니면 돈이 없었을까요? 네, 둘 다 정답입니다. 제품에 돈을 쓰는 게 아깝다고 생각했습니다. 정부에서는 아이를 잘 양육하라고 일정 기간 육아수당을 지원해 줍니다. "내가 준 돈으로 아이 열심히 보살펴!" 이런 취지로 말입니다. 그런데 돈 아깝다고 안 사주겠다던 제 심보가 참으로 어리석었습니다. 그렇게 한바탕 소동을 치며 데면데면한 하루가 흘렀습니다. 조용한 가운데, 아이가 장난감 만지는 소리만 사부작사부작 들려왔습니다.

다음은 어떻게 됐을까요? 아내는 저와 싸웠건 말건 간에 다음 날 바로 해당 제품을 사버렸습니다. 물론 좋은 결정이었습니다. 아이 콧물도 손쉽게 제거할 수 있게 되고, 부부도 편안하게 잠을 청할 수 있게 됐으니 말입니다. 물론 저도 아내에게 공손한 사과를 할 수밖에 없었습니다. 이래서 아내 말을 잘 들어야 하나 봅니다. 당시 구매한 콧물 흡입기는 지금까지 아주 유용하게 사용하고 있습니다. 가끔은 아이 콧물 흡입기로 제 콧물을 제거하기도 합니다.

부부가 육아휴직을 하며 24시간 함께 하다 보면 매번 좋은 일만 있을 순 없습니다. 감정이 있는 동물인데 당연합니다. 동반 육아휴직을 하면서 '내가 아이와 조금 더 놀아주면 아내는 쉴 수 있겠지?'와 같은 깊은 배려심과 '이 사람은 이런 성향이구나.'라며 있는 그대로의 모습을 인정하는 방법을 배웠습니다.

가끔은 고된 육아에 지친 아내에게 일부러 커피 한잔 마시고 오라며 내보내기도 하고, 어떤 날은 친구 좀 만나라며 제안하기도 합니다. 육아를 직접 경험해봤으니 아내 없이도 아이와 누구보다 신나게 놀아주고 잘 챙겨줄 자신이 있습니다. 서로 간에 신뢰 없이 해내기 어려운 것이 육아입니다. 그 신뢰는 경험을 통해 만들어집니다. 공동육아가 서로를 더욱더 신뢰할 수 있는 계기가 되리라 믿어 의심치 않습니다. 서로를 배려하고 깊이 이해하는 만큼 여러분의 공동육아는 더욱더 빛나게 될 것입니다.

20.

인생 최애의 시간, 언제였나요?

2023년 1월, 한겨울에 시작된 육아휴직도 어느덧 6개월의 시간이 흘렀습니다. 이 시기 아이는 두 발로 걷기 시작하는 등 폭풍 성장을 이어갔습니다. 아이 검진을 위해 서울에 있는 병원을 방문하는 일에도 부담이 없고, 시간의 구애 없이 근처 공원 등지로 아이와 외출하는 등 한가로운 일상이 이어졌습니다. 가계 운영에서도 큰 지출 없이 연착륙하며 생활도 안정돼 갔습니다. 회사 다닐 때와는 다른 상상도 못 할 여유가 생겨버렸습니다.

육아휴직 초기만 해도 출근 없이 육아에만 전념할 수 있다는 사실 자체에 감사했는데 이런 부분도 점차 일상의 한 형태로 바뀌었습니다. 복직까지는 아직도 6개월이라는 시간이 남아 있어 먼 것처럼 느껴지고, 당장은 육아에만 집중하면 됐으니 말할 수 없는 안정감과 평안함이 밀려온 시기였습니다. 돌아보니 육아휴직 기간 중 가장 마음이 편했던 달은 육아휴직 절반을 막 지난 2023년의 7월이었던 것 같습니다.

이따금 이른 아침 일어나는 딸아이와 함께 창밖을 보곤 했습니다. 북새통을 이루는 출근길의 차량 행렬을 보면서 '회사에 다녔으면, 이런 상황은 꿈도 못 꿨겠지? 복직 전까지 아이와 더 많은 추억 쌓아야겠다.'라는 다짐도 했습니다.

어쩌면 '파이어족이 된다면 이런 기분이지 않을까?'라는 기막힌 생각도 해봤습니다. 경제적 자유를 바탕으로 조기 은퇴를 이뤄낸 사람들. 근로자라면 한 번쯤은 꿈꿔보는 파이어족 말입니다. 이 시기에는 공상도 참 많이 했습니다. '만약에 우리 부부 모두가 파이어족이 된다면 이런 생활을 지속하겠지? 너무 좋겠다!'라는 생각도 해보고 '이런 삶을 살기 위해서 뭘 준비해야 하지?' 같은 계획도 그려보게 됐습니다. 여유 덕분에 생각과 고민이 가장 풍성했던 시기였습니다.

경험은 좋았든 나빴든 간에 인생에 변화를 유도합니다. 괜찮았던 경험이라면 지속할 테고 별로였다면 다시는 하지 않을 유인을 제공합니다. 육아휴직은 제게 전자에 해당했습니다. 타임머신을 타고 육아휴직 전으로 돌아갈 기회가 있다면 얼마나 좋을까 싶습니다. 다음번엔 분명 더 잘할 수 있을 것 같은데 말입니다.

가족과 종일 함께 있는 시간도 생각 이상으로 즐거웠습니다. 아이가 재롱떠는 모습을 바로 옆에서 지켜보고 아내와 마주 앉아 식사하는 일상이 행복했습니다. 회사 다닌다는 핑계로 엄두도 내지 못했던 강의를 들으며 자기

인생 최애의 시간, 언제였나요? - 아기를 보고 있는 호떡이

159

공동육아로 우리 부부 모두 쑥쑥 레벨 업!

계발을 할 수 있는 시간도 생겼으니 더할 나위 없이 만족스러웠습니다. 오전 10시, 조용한 카페에 앉아 커피 한잔 마시며 책을 읽는 평범하기 그지없는 시간 속에서 잊고 지냈던 삶의 여유도 되찾았습니다.

 마음의 평안함을 육아휴직이 허락해 준 격입니다. 매일 쳇바퀴 굴러가듯 반복되는 일상에서 꿈을 그리는 대신, 다음 날 처리해야 하는 업무만 머릿속으로 그려내며 꿈을 지워내는 삶을 살아왔습니다. 당장 눈앞에 보이는 문제만 보며 달려왔던 셈입니다. 다 그렇게 사는 거라고들 하지만 저는 아직도 그 말이 왜 그렇게 마음에 안 드는지 모르겠습니다.

 여유는 일상의 많은 부분을 변화시킵니다. 사람은 여유가 생기면 주변을 돌아보게 됩니다. 여기서 말하는 여유는 금전적 여유뿐만 아니라 시간적 여유까지 포함합니다. 개인이 아닌 타인까지 고려하는 삶을 만들고 조금 더 멀리 세상을 볼 수 있는 시야를 선사하는 것이 바로 여유가 가진 힘입니다.

　어느 연구에 따르면 사람은 하루 평균 35,000건의 의사
결정을 내린다고 합니다. 우리가 하루에 한 수많은 선택
중에서 여유롭게 내린 결정은 과연 몇 건이나 될까요? 회
사의 밀린 업무에 치이며 머리가 과부하 돼 밥 먹을 때 '짬
뽕, 짜장' 하나도 제대로 선택하지 못해 '아무거나'라는 의
미 없는 결정만 해댄 제 삶에 아쉬움을 느꼈습니다.

　제 삶을 위한 고민을 진작부터 해봤다면 어땠을까 싶습
니다. 휴직 기간 저는 새로운 습관 하나를 만들었습니다.
반드시 한 번은 고민하고 결정하는 습관 말입니다. 너무
나 빠르게 흘러가는 사회에서 잠깐 여유를 두고 되돌아
보는 계기가 어쩌면 육아휴직을 통해 만들어질 수 있습
니다.

　또 하나, 육아휴직은 여러분 마음속 어느 한구석에 있
는 꿈을 다시 끄집어내는 역할을 할지도 모릅니다. 효율

공동육아로 우리 부부 모두 쑥쑥 레벨 업!

적으로 활용한다면 자신의 인생에 의미 있는 결과를 도출해 낼 수 있습니다. 제가 이렇게 책을 집필하게 된 것과 같이 말입니다. 간직했던 꿈을 당장 다음 날에라도 펼쳐 볼 수 있는 시간이 바로 육아휴직을 통해 만들어집니다. 본인의 삶을 가만히 들여다보시기 바랍니다. '내가 너무 앞만 보고 달린 건 아닐까? 당장 내일 해결해야 하는 회사 업무에만 매달리고 있는 건 아닐까?'라는 생각이 드신다면 지금이 바로 쉬어갈 시간입니다.

이런 걱정을 하시는 분도 여전히 계실 겁니다. '육아휴직 뭐 다 좋은데, 육아휴직 하면 돈은 누가 벌어요?' 개인 여건에 따라 천차만별이겠지만 조심스럽게 답변은 드려보고 싶습니다. "1년 육아휴직 사용한다고 해서 인생이 드라마틱하게 고꾸라지거나 하진 않을 겁니다." 잃는 것보다 얻은 게 오히려 더 많을지도 모르는 게 육아휴직입니다.

동반 육아휴직을 미리 계획하며 금전적인 준비가 돼 있다면 가장 이상적이겠지만 그렇지 않더라도 해결할 방법은 많이 있습니다. 여러분의 능력을 믿어보시기 바랍니다.

　모든 일에는 순서가 있습니다. 뭔가를 시작하기 전에는 계획이라는 과정은 필수 불가결입니다. 육아휴직을 계획하신다면 어떤 아빠가 되고 싶은지, 아이에게는 어떻게 다가갈 것인지, 수입 공백기는 어떻게 대처할지 등에 대한 충분한 고민을 해보시기 바랍니다. 이후 육아휴직에 임하신다면 더욱더 알찬 시간으로 꾸며질 것입니다.

21.

우리 딸, 첫 돌잔치!

2023년 9월, 딸아이의 돌잔치가 열렸습니다. 엄마 뱃속에서 꼬물대던 호떡이가 세상에 태어나 맞이하는 첫 번째 생일입니다. 첫돌을 맞이하기까지 정말 많은 우여곡절이 있었습니다. 지난 1년의 성장 과정에서 여느 또래 아이들과 다르게 특별한 과정을 겪었던 아이인지라 딸아이의 첫 생일에 부모인 저희도 감회가 남달랐습니다.

옛날에는 장수의 의미로 돌잔치를 열어주었다고 합니

다. 저희는 여기에 다사다난했던 작년 한 해의 모든 아픔과 슬픔을 기쁨으로 승화시키는 날로 의미를 더했습니다. 배 속의 아이가 태어난 지 3개월 만에 수술대에 오르고, 쉴 새 없이 병원을 드나들었던 지난 시간을 뒤로하고 건강하게 성장해 첫 생일을 맞이하게 됐는데 감동적이지 않을 수 없었습니다.

부모는 자식에게 항상 미안한 마음이 있기 마련입니다. 저희 부부가 딸아이에게 유독 미안했던 점은 갓난아기 시절의 추억을 되돌아볼 사진을 많이 남겨주지 못했다는 사실이었습니다. 아이가 태어나면 50일 아니면 100일 단위로 기념 촬영을 해준다고 들었습니다.

하지만 저희 아이의 경우, 태어날 때부터 구순열이라는 질환을 안고 태어났기 때문에 입술이 갈라진 아이 모습을 촬영하고 사진으로 남긴다는 게 부모로서 썩 내키진 않았습니다. 나중에 아이가 커서 수술 전 본인의 모습을 사진으로 봤을 때 감당할 수 있을지도 의문이었습니다. 스튜

디오 촬영은 그렇게 접어두고 그저 기념일이 다가왔을 때 집안을 간소하게 꾸며놓고 스마트폰으로 촬영해 주는 정도가 저희가 해줄 수 있는 전부였습니다.

정말 다행스럽게 아이 수술은 성공적이었고 회복 과정도 훌륭했습니다. 그 과정을 이겨낸 아이에게 진심 어린 박수를 보냈습니다. 그리하여 딸아이의 첫돌은 그냥 넘어갈 수 없었습니다. 돌잔치 사진을 잘 찍는 곳이 있다 해서 아이와 함께 저 멀리 서울 종로구에 있는 북촌까지 찾아가 돌사진도 촬영하고, 소규모로 진행하는 돌잔치 장소도 따로 예약해 만반의 준비를 했습니다.

돌잔치의 주인공인 우리 딸을 빛나게 해줄 예쁜 드레스도 하나 마련했으며, 특별한 날을 기념할 전문 사진작가도 두 분이나 모시게 됐습니다. 저희가 할 수 있는 최선의 방법으로 아이에게 최고의 돌잔치를 열어주고 싶었습니다. 마지막으로 영상 편집 제대로 할 줄도 모르는 제가 아내와 함께 서투른 솜씨로 아이를 위한 첫돌 영상도 정성껏 만들었습니다.

우리 딸, 첫 돌잔치! - 호떡이는 돌사진 촬영 중

돌잔치 당일이 되었습니다. 딸아이 돌잔치에는 양가의 부모님, 처남과 처남댁, 동생 내외를 초대해 소중한 날을 함께했습니다. 간단하게 양가 부모님의 축하 메시지를 듣고 답으로 가족들 앞에서 '자존감 넘치는 아이로 키우겠다.'라는 약속도 전했습니다. 하얀 드레스를 입은 딸아이는 이런 걸 아는지 모르는지 연신 주변을 돌아다니기만 했습니다. 어쩌면 모든 게 일상적이고 특별할 것 없는 보통의 돌잔치였는데 그간의 과정이 생각났는지 아내는 눈물을 그렇게나 흘렸습니다.

평범하게 사는 게 어쩌면 세상에서 가장 어려운 것 같습니다. 어떤 이에게는 당연한 것도 다른 이에게는 전혀 당연하지 않을 수 있습니다. 그게 제 가족의 단면 같아 씁쓸한 적도 있었습니다. 조금 늦게 일상을 되찾은 저희지만 지난 일 년의 경험들이 다가올 앞길을 더욱더 빛내줄 것이라 확신합니다. 그 사이 저희 딸아이는 더욱 강인해졌고 그간 우리 가족은 더욱더 단단해졌으니 말입니다.

올해 9월, 딸아이는 생애 두 번째 생일을 맞이했습니다. 일 년 사이 아이는 또 훌쩍 자라나 뛰다 넘어져도 툴툴 털고 일어나고, 밥도 혼자 씩씩하게 먹는 아이로 성장했습니다. 가끔 보면 남자애 같은 면이 보이기도 합니다. 딸아이 생일을 기념해 이번에는 스튜디오를 직접 방문해 두 돌 촬영도 진행했습니다.

보통의 삶을 되찾는 이 순간을 늘 꿈꿔왔습니다. 어두운 터널을 지나 광명을 맞이하는 느낌입니다. 건강하고 씩씩하게 자라주는 딸아이에게 고마움을 전하며 언젠가 아이가 본인의 사정에 대해 알게 되는 날, 사랑하는 딸아이에게 이 책을 전하고 싶습니다.

22.

진짜 엄마 여기 있어요!

세상의 모든 엄마는 언제나 위대합니다. 개인적으로는 아빠보다 위대한 사람이 엄마라고까지 감히 말하고 싶습니다. 배움에는 나이가 없다고 하는데, 저보다 4살이나 어린 아내를 보며 인생을 배우는 때가 참 많습니다. '어떻게 저렇게까지 할 수 있지?'라는 생각이 절로 들 때가 참 많습니다. 세상에 아이에게 진심 아닌 부모가 어디 있을까마는 이 사람은 정말 진짜배기입니다.

온종일 아내와 함께하니 자연스레 아내를 관찰하는 날이 많아졌습니다. 회사 다닐 때는 무심코 지나쳤던 아내의 새로운 면을 발견하기 시작한 것입니다. 특히나 딸아이를 언제나 인격적으로 대하는 모습이 정말 인상적이었습니다. "말도 못 하는 아기가 얼마나 답답하겠어."라며 언제나 아이의 눈높이에서 육아하려 애쓰는 모습이 정말 '프로 엄마' 같아 보였습니다.

아내는 정말 무한 체력입니다. 아이가 밤새 잠을 뒤척여 다독이느라 선잠을 잤어도 다음 날 언제 그랬냐는 듯이 아이와 활기차게 놀아줍니다. 아이가 아무리 보채도 차분한 말로 상황을 전달합니다. 말 못 하는 아이에게 동의를 얻는 방식의 육아, 생각보다 정말 힘이 듭니다. 충분히 여러 번 설명하면 이내 아이도 고개를 끄덕이며 수긍합니다. 다음 날 언제 그랬냐는 듯 바로 잊어버리긴 하지만 말입니다.

이렇게 힘든 내색 하나 없이 아이를 돌보는 아내를 보

며 어떤 날은 제가 아빠의 역할을 충분히 못 해내고 있나 싶기도 합니다. 제 기준에 최선을 다한다고 하지만 아내를 보고 있노라면 턱없이 부족해 보입니다.

   이런 에피소드도 하나 있었습니다. 아이의 구순열 수술을 위해 입원했을 당시의 일입니다. 2022년 12월 당시 코로나는 여전히 종식되지 않은 상황이었습니다. 보호자 입실도 한 명으로 제한돼, 아내가 보호자로서 아이와 함께 병원에 입원하게 됐습니다.

   당시 병원에서는 코로나 예방을 위해 환자는 물론이고 보호자까지 온도계를 이용해 수시로 열을 체크했습니다. 혹시나 코로나라도 감염되면 큰일이 나는 게 병원이라는 곳이니 말입니다. 그렇게 하루가 지나고 수술 당일, 수술 시간이 될 때 즈음 아내에게 전화 한 통이 왔습니다.

   "그린이 수술실 잘 들어갔어?"라는 저의 물음에 아내가 답했습니다.

"여보, 나 열 체크했는데 열이 나서 수술실 못 들어갈 수도 있대. 잘못하면 딸아이 수술 못 할 거 같아."

"그게 무슨 말이야?"

수술 전 열 체크 결과에서 아내에게 열이 오르는 증세가 발견된 겁니다.

"그러면 어떻게 되는 거야?"

"수술실 같이 들어갈 사람 없으면 수술 못 하는 거래."

난감했습니다. 다른 보호자인 제가 대신 수술실에 들어가야 하는 상황이었는데, 저 또한 코로나 음성 결과지가 없어 수술실에 들어갈 수 없는 상황이었습니다. 이렇게까지 될지 정말 꿈에도 몰랐습니다.

어렵게 잡은 수술 일정은 기약 없이 미뤄질 상황에 처하게 됐습니다. 대형 병원은 수술 일정 잡기도 쉽지 않은데 이렇게 허무하게 끝낼 순 없었습니다.

"다른 방법은 없나?"

"주변에 코로나 걸렸던 사람 있으면 가능하긴 하다던데…. 아, 맞다!"

저희 부부에게는 처남이 있었습니다. 아이 수술 일정쯤 코로나에 걸렸다가 회복된 처남 말입니다. 당시에는 코로나에 확진되었다가 회복한 사람에 한해서는 별도의 코로사 검사 없이 보호자로 수술실 입실이 가능했습니다. 아내가 급하게 처남에게 연락했습니다. 나중에 알고 보니 처남은 회사에서 일하다 연락받고 1시간 만에 급하게 병원으로 달려왔다고 합니다. 그렇게 아이는 처남의 도움을 통해 가까스로 수술을 받을 수 있었습니다.

수술을 그렇게 끝마쳤으나 문제가 하나 더 남아 있었습니다. 아내가 열이 안 떨어져 수술 후 아이 보호자로서 입실이 여전히 어려운 상황이었던 겁니다. 사실 제가 코로나 검사를 받고 보호자로 들어가면 되니 큰 문제는 아니었습니다. 그렇게 보호자 교대를 위해 병원에 도착하니 진

진짜 엄마 여기 있어요! – 수술을 기다리는 호떡이

풍경이 펼쳐지고 있었습니다. 아내가 의사 선생님께 자기는 아프지도 않고 코로나 검사 결과도 음성이 나왔다며 본인이 보호자로 들어갈 수 있게 사정하고 있었던 겁니다.

병원에 보호자로 있는 게 쉬운 일은 아닙니다. 선잠을

공동육아로 우리 부부 모두 쑥쑥 레벨 업!

자면서 아이 상태를 계속 체크해야 하니 말입니다. 제게 좀 맡기고 집에 가서 조금 쉴 법도 한데 끝까지 자기가 돌보겠다고 하는 아내가 참 대단하게 보였습니다. 저라면 '그렇게까지 할 수 있었을까?' 싶은 생각도 들었습니다.

배울 점이 정말 많은 아내를 둬서 항상 고마움을 느낍니다. 회사에 다니고 있었다면 혹은 아내 혼자 육아휴직을 했다면 절대로 알 수 없었을 엄마의 위대함을 알게 됐습니다. 아내 덕에 부모로서 한층 더 성숙해진 것 같습니다.

아내를 통해 인격적으로 아이를 대하는 자세, 부모로서 가져야 할 가치관 등 말 한마디와 행동에 배움을 얻었습니다. 육아휴직 덕분에 아내의 '진짜배기 엄마'라는 또 다른 모습을 발견하게 됐습니다. 엄마는 언제나 위대합니다. 우리 아내 만만세입니다.

23.

어쩌다 미니멀리스트

　2023년 3분기가 되자 가계 수입에 변화가 생길 조짐이 보였습니다. 저보다 먼저 육아휴직에 들어온 아내의 급여가 9월부터 중지될 예정이었기 때문입니다. 공무원은 총 3년의 육아휴직 기간 중 1년만 육아휴직 급여를 받을 수 있습니다. 육아휴직 중 가계 수입의 큰 비중을 차지했던 수입 하나가 사라지면서 가계 재정에도 균열이 발생하게 됐습니다.

공동육아로 우리 부부 모두 쑥쑥 레벨 업!

육아휴직 당시 저희에게는 과연 어떤 수입이 있었을까요? 회사에서 지급되는 육아휴직 급여, 정부의 육아 지원금(부모급여, 아동수당) 그리고 부부가 적립했던 출산·육아적금 이렇게 3개의 수입으로 휴직 기간을 보내왔습니다. 좀 더 구체적으로 살펴본다면 육아휴직 급여 255만 원(127만 5천 원*2명)에 육아 지원금 80만 원(부모급여 70만 원, 아동수당 10만 원) 마지막으로 잔액이 바닥을 보이는 출산·육아적금 얼마가 수입 전부였습니다. 그런 와중에 육아휴직 급여가 남편만 나오는 상황이 된 겁니다. 예상은 했지만, 막상 상황이 닥쳐오니 걱정됐습니다.

이 상황에서 저희는 어떤 해결 방안을 찾아봤을까요? 남편 또는 아내의 복직이었을까요? 아닙니다. '미니멀리스트'가 되어보기로 합니다. 좀 있어 보이는 말로 미니멀리스트, 쉽게 말하면 '중고 물품 팔아서 돈 벌기'가 되겠습니다. 집 안에 있는 물건들을 하나둘씩 정리하기로 했습니다. 살펴보니 사용은 안 한 지 꽤 됐는데 자리만 차지하고 있는 물건이 눈에 많이 띄었습니다. 먼지 쌓인 게임기도 팔고, 카메라도 팔고, 사용하지 않는 물건은 중고거래 플랫폼에 모조리 가져다 팔기로 했습니다.

신혼 초에도 종종 쓸 만한 물건을 되팔아 용돈벌이를 하긴 했는데, 이번에는 아주 본격적으로 물건을 팔아 가계 수입에 보태기로 합니다.

물건을 자주 거래하다 보니 중고거래 구매 팁도 자연스레 터득하게 됐습니다. 간략하게 몇 가지 소개해 보자면, 먼저 '보기 좋은 것이 먹기에도 좋다.'라는 말이 있습니다. 이는 중고물품 판매에도 똑같이 적용됩니다. 같은 물건을 팔아도 어떻게 사진 찍느냐에 따라서 판매 속도는 완전히 다릅니다.

대충 찍어서 올리는 것보다 구도를 정해 촬영하고 제품을 올리면 더 빠르게 판매됩니다. 어떤 시간에 물건을 등록해야 판매가 잘 되는지, 어떤 문구를 넣으면 관심을 많이 받게 되는지도 하나씩 알게 됐습니다. 유아용품의 경우, 부모가 아이를 재우고 난 시간인 21시~24시 사이에 올리면 곧잘 판매되곤 합니다.

구매자와 대화하면서 판매 수완도 늘어났습니다. 어떻게 네고(협상) 하는지, 끼워 팔기는 어떻게 하는지도 하나씩 알아갔습니다. 참고로 물건에 대해 질문이 많은 사람은 해당 물건을 구매할 확률이 상대적으로 낮습니다.

이렇게 벌어들인 돈으로 다시 아이에게 필요한 육아용품을 사고팔기를 반복하면서 중고거래 플랫폼을 정말 적극적으로 활용했습니다. 육아용품이 저렴하게 올라오면 밤낮 가릴 거 없이 왔다 갔다 했습니다. 특히 기저귀를 싸게 샀을 때 기분 최고였습니다.

이렇게 반복하다 보니 어느새 한 중고거래 플랫폼 내에서 만렙(최고 레벨)을 달성했습니다. 맞습니다. 매너 온도 99도를 찍었습니다. 컴퓨터 게임을 할 때도 만렙 찍은 적은 한 번도 없는데 먹고살려 하다 보니 이렇게까지 됐습니다. 이렇게 소소하게 현금화시킨 금액을 살림에 보태며 부족분을 채우며 살았습니다.

냉장고 안도 미니멀하게 만들었습니다. 냉장고 정말 열심히 파먹었습니다. 냉장고 안에 있는 재료 하나로 어떤 요리를 할 수 있을지 블로그를 찾아보고, 요리를 만들어 식사를 해결했습니다. 덕분에 하나의 재료를 가지고 여러 가지로 응용할 수 있는 방법도 알게 됐습니다.

예를 들어 저희가 돼지고기 목살을 엊저녁에 구워 먹었다고 가정해 보겠습니다. 둘이 먹기에는 양이 조금 많아서 몇 덩이가 남게 됐습니다. 그럼, 다음 날에는 남은 고기를 활용해서 김치찌개를 만듭니다. 이런 방식으로 한 끼 한 끼 해 먹었습니다. 특히, 사골곰탕 팩은 떡만둣국, 김치찌개 등등 정말 활용도가 다양합니다.

육아휴직을 하면서 저희 부부는 미니멀리스트가 다 됐습니다. 이제는 꼭 필요한 물건만 사는 편이고 이마저도 중고거래 플랫폼에는 없는지 먼저 확인하는 습관이 생겼습니다. 새 제품을 구매할 때는 장바구니에 담아 며칠을 두고 고민하고, 장을 볼 때는 스마트폰 메모장에 기록된 물품만 한도 내에서 구매하려고 합니다. 용처가 다한 물건은 중고 플랫폼을 이용해 재판매해 현금화하는 건 일상입니다. 육아휴직 하며 더욱 알뜰살뜰해졌습니다. '수입이 없는데 어떻게 해?'라고 푸념하기보다 방법을 찾아가며 오히려 성장했습니다. "방법이 없네, 어쩌지?"라고 푸념하는 녀석 주변엔 늘 해결 방안이라는 친구가 "여기 보세요." 하면서 손을 흔들고 있습니다. 단지 우리가 못 보고 지나칠 뿐입니다.

육아휴직으로 얻을 수 있는 것은 정말 무궁무진합니다. 아이와 함께하는 시간뿐만 아니라 저희 부부와 같이 절약하는 습관을 기를 수 있는 시간이 되기도 합니다. 때로는 본인의 재능을 발굴할 수 있는 귀한 시간이 될 수도 있습니다. 제가 중고거래에 어느 정도 도가 튼 것과 같이 말입니다. 아직 살아갈 날이 한참이나 많은데 육아휴직을 통해 인생에서 한 박자 쉬어가는 것도 괜찮은 방법입니다.
돈에 너무 얽매이지 마시기 바랍니다. 인생은 단 한 번뿐
입니다.

아빠가 들려주는 육아 팁

장난감을 매번 사주기가 부담스럽다면
어떻게 할까요?

우리 아이 장난감은 사주고 싶은데 비용이 만만치 않습니다. 큰맘
먹고 새 장난감을 사줘도 아이들이 가지고 놀다 망가지는 게 일상
이고, 중고거래 플랫폼을 이용한다 해도 매번 사줄 수도 없는 노릇
이니 말입니다.

지역 곳곳에 있는 장난감 도서관에 문을 두드려 보시기 바랍니다.
제가 살고 있는 안산시의 경우 육아종합지원센터 내에 장난감 도
서관이 있습니다. 장난감 도서관에는 정말 다양한 장난감이 있습니
다. 블록쌓기부터 악기 심지어 미끄럼틀도 대여 가능합니다. 회원
가입 후 소정의 연회비만 내면 장난감을 무료로 2주간이나 대여할
수 있습니다. 연회비, 대여 기간, 운영 방식은 지역마다 조금씩 다
르겠지만 취지는 대부분 동일합니다. 다양한 장난감을 갖고 노는

우리 아이도 즐겁고, 무료 대여로 부모의 지갑도 방어할 수 있는 장난감 도서관 꼭 한번 이용해 보시길 바랍니다.

24.

어디 아파? 아니 아빠!

옹알이만 해대던 아이가 생후 5개월이 지나면서부터 '엄마'라는 단어를 내뱉기 시작했습니다. 정확히는 "음마"라고 말했습니다. 누가 가르쳐주지도 않았는데 '맘마, 까까, 응, 아니'와 같은 단어들도 어디서 주워들었는지 하나씩 말하는 아이가 신기했습니다. 그런데 아이는 수많은 말 중에서도 정작 제가 가장 듣고 싶은 말은 쉽게 해주지 않았습니다. 세상의 모든 아빠가 아이에게 듣고 싶은 '아빠' 말입니다.

아무리 신나게 놀아줘도 제 입으로 아무리 "아. 빠."라고 수백 번 말해줘도 아이는 쉽게 그 말을 입 밖으로 내지 않았습니다. 해줄 것 같다가도 "아니야" 하기 일쑤였습니다. 저와 신나게 놀다가 "엄마" 하면서 아내에게 달려가 안길 때는 어찌나 부럽던지 아빠이기 전에 저도 사람인지라 내심 서운했습니다. '아빠라고 한번 불러주는 게 그렇게 어렵나? 언젠가 불러주겠지.' 하며 그렇게 시간이 흘렀습니다.

어느 날이었습니다. 아이가 실컷 혼자 놀다가 "아파"라고 말합니다. 워낙 호기심이 많아 집 안 이곳저곳을 탐색하는 걸 좋아하는 아이라 이번에도 어디 부딪혔나 보다 하며 봤더니 다행히 크게 다친 곳은 없어 보였습니다. 크게 울지도 않아 괜찮은가 보다 했습니다.

"우리 딸, 어디 아파?"라고 물어봤더니 다시 "아파, 아파" 합니다. '어디가 아픈 거지?' 하면서 아무리 살펴봐도 괜찮아 보였습니다. 그 순간에 머릿속을 스쳐 간 한 단어가 있었습니다. 맞습니다. 저희 딸아이가 제게 처음으로

186
4장

"아빠"라고 불러준 겁니다. 발음이 정확하지 않아 "아파"로 들었던 겁니다. 어디가 아픈지 물어만 봤던 제가 바보였습니다.

중고등학교 문학 시간에 김춘수의 「꽃」이라는 시 접해 본 적 있으실 겁니다. "내가 그의 이름을 불러주기 전에는 그는 다만 하나의 몸짓에 지나지 않았다. 내가 그의 이름을 불러주었을 때 그는 나에게로 와서 꽃이 되었다." 제가 조금 변주해서 말해본다면 이렇게 말할 것 같습니다. "아이가 제 이름을 불러주었을 때 저는 꽃이 되었습니다."라고 말입니다. 절로 함박웃음이 피어났습니다.

일전에 아내가 아이가 "아빠"라고 말하기 시작했다고 하긴 했는데, 정작 아이 옆에서는 한 번도 들어본 적이 없어 '목 빠져라' 기다리고 있었습니다. 아이는 한번 익힌 말은 한동안 계속하는 습관이 있습니다. 그날 이후로 골백번이 넘게 아빠라는 말을 쉴 새 없이 들었습니다.

어디 아파? 아니 아빠! – 그네 타는 호떡이

어떤 날은 엄마보다 아빠를 더 많이 불러주는 날도 있었는데, 그런 날은 뭔가 어깨도 으쓱해졌습니다. 이제 아내가 주말에 홀로 외출을 나가도 아이는 엄마를 많이 찾지는 않습니다. 아빠와 다이내믹하게 노는 게 신나서 그런지는 모르겠지만, 분명한 것은 아이와 제가 더욱더 깊은 관계로 발전했다는 사실입니다.

　'육아휴직을 해서 더 빠르게 아빠라는 말을 듣게 됐다.' 이런 소리 하려는 건 아닙니다. 다만, 평온한 오전의 어느 때 듣게 되는 "아빠"라는 아이 목소리와 어린이집을 나오며 들려주는 아이의 활기찬 "아빠"라는 목소리를 듣게 되는 순간도 꽤 괜찮음을 꼭 말씀드리고 싶습니다. 아마 평생 기억에 남으실 겁니다.

25.

복직만이 정답일까요?

2023년 1월 당차게 시작한 아내와의 동반 육아휴직도 어느덧 끝을 향해 달려가고 있었습니다. 회사에는 육아휴직을 1년만 사용하는 것으로 신청했기 때문에 다음 해 2024년 1월이면 복직해야 하는 상황이었습니다. 사실 육아휴직 급여도 1년만 나오는 상황이었기 때문에 처음에도 이 기간만 딱 채우고 복직하면 되겠다는 심산이었습니다.

아내의 경우, 저보다 일찍 육아휴직에 들어와 다소 긴

기간 휴직을 사용한 상태였지만 조금 더 무리해서 휴직은 6개월 연장하는 것으로 결정했습니다. 다음 해에 딸아이가 어린이집에 등원할 예정이어서, 부모 중 어느 하나는 어린이집에 잘 적응할 수 있도록 옆에서 도와주는 것이 나아 보였기 때문입니다.

1년여간 아내와 동반 육아를 통해 수술 후 딸아이의 원활한 회복을 도왔고 아이와의 친밀도 또한 깊어졌습니다. 추가로 요리라는 새로운 재능도 발견했으며, 인생의 계획도 다시 점검하며 가족과의 추억도 많이 쌓았습니다. 늦가을이 찾아오고 슬슬 찬 공기가 불어대기 시작하니 이런 시간도 머지않았구나 싶었습니다. 그 와중에도 시간은 속절없이 지나가고 있었습니다.

직장인들은 왜 주중에 회사에 있는 시간은 그렇게 안 가다가도 주말만 되면 순식간에 흘러가잖습니까? 마치 그런 기분이었습니다. 이렇듯 2023년의 늦가을은 뿌듯함과 아쉬움이 동시에 밀려오는 시기였습니다. 인생을 이

복직만이 정답일까요? – 두 돌이 지난 호떡이 뒷모습

렇게 자유롭게 살아본 적은 수능시험 이후 그리고 공무원 합격 이후 주어진 몇 달이 전부였는데, 세 번째로 주어진 자유로웠던 시간도 이제 내 인생에서 이렇게 지나가는구나 싶었습니다.

회사에서는 정기적으로 휴직 중인 직원들에게 몇몇 안내 사항을 문자 메시지로 전달합니다. 목적에 맞게 휴직을 사용하고 있는지 휴직자 복무 점검을 하기도 하고, 복직 인원 수요를 파악하기도 합니다. 저도 언제쯤 복직 관련 내용이 전달될까 궁금했지만, 따로 회사에 물어보진 않았습니다. 회사라는 곳이 굳이 먼저 나서서 연락하고 싶은 곳은 아니니 말입니다.

2023년 11월의 어느 날, 회사로부터 문자 메시지 하나가 도착했습니다. 제목은 '정기인사 복직 안내'였고 내용은 다음과 같았습니다. '며칠의 시간을 줄게. 복직할 건지 안 할 건지 알려줘.' 문자를 받자마자 제일 먼저 들었던 생각은 당연히 '아. 복직하기 싫다.'였습니다. 복직에 대한 두려움 이상으로 아쉬움이 컸습니다.

　분명히 아이와는 많은 추억을 쌓았는데 제가 계획한 기준에 부합하는 뚜렷한 결과물은 없어 보였습니다. 스스로 만족이 안 됐고, 딸아이가 어린이집 등원하는 모습도 보고 싶었습니다. 작은 사회에 새롭게 발 디딜 아이의 모습과 적응하는 과정을 옆에서 지켜보고 싶은 마음이 커졌습니다. 그렇게 '아이가 내게 선사한 육아휴직, 그거 좀 더 연장해 보면 어떨까?'라는 고민에 빠지기 시작했습니다. 제가 휴직을 연장하고 싶다고 하면 아내는 어떤 반응을 보일지도 정말 궁금했습니다.

　혹시 행동 경제학이라는 용어 들어보셨나요? '인간은 언제나 합리적이고 이성적인 선택을 한다.'라는 대전제가 깔린 전통의 경제학의 이론과는 정반대로 '인간은 실제로 심리, 사회, 감정에 치우쳐 비합리적인 선택을 하게 된다.'라는 행동 경제학 말입니다. 이성적이고 합리적으로 생각해 봤을 때, 아빠는 회사에 복직해서 다시 가계의 수입에 보탬이 되는 그림이 가장 이상적인 선택이었겠지만 저는 행동 경제학에서 말한 것과 같은 비합리적인 선택을 내리게 됩니다. 네. 휴직을 연장하기로 마음먹었습니다.

　이제 아내에게 결재를 득할 차례입니다. 긴장됐습니다. 버럭 화를 낼 수도 있고, 가정에 책임감 없다고 말할 것 같기도 했습니다. 그래도 일단 칼은 뽑았으니 무라도 베어봤습니다. "여보, 나 육아휴직 6개월만 더 하면 안 될까?" 아내가 뭐라고 했을까요? 거짓말 하나 안 보태고 "그래, 하고 싶은 대로 해."라며 쿨하게 대답했습니다. 결재권자의 승인이 의외로 쉽게 떨어지는 순간이었습니다.

　묻고 싶었습니다. 당시 아내는 과연 어떤 마음이었는지 말입니다. 어떻게 그런 결정을 쉽게 내릴 수 있었을까요? 남편에 대한 신뢰가 있었기 때문일까요? 아니면 복직을 앞두고 흔들리는 제 눈동자를 봤기 때문일까요? 아직 그 부분에 대해 아내와 깊게 이야기를 나눠본 적은 없습니다. 서로를 믿어주는 눈빛, 어느 행동 하나만으로도 충

분히 전달됐으리라 짐작하는 정도입니다. 먼 훗날 시간이
흘러 허심탄회하게 이야기해 보고 싶습니다.

아내가 저와 육아를 함께해서 좋았던 건지 저를 믿어줘
서인지는 모르겠지만 어쨌든 며칠 뒤 회사로 회신을 보냈
습니다. '둘 다 복직 안 함.'으로 말입니다. 그렇게 저희 부
부는 또다시 아무도 가지 않은 새로운 길을 개척하며 아
이와 함께하는 시간을 6개월 더 연장했습니다.

연말이 다가오면서 아이와 함께 크리스마스트리를 꾸
몄습니다. 트리에 밝게 빛나는 전구처럼 부부의 마음도
밝게 빛났고, 마치 아이도 저희의 결정을 알고 있다는 듯
이 해맑게 웃음 지었습니다. 전혀 예상치 않았던 동반 육
아휴직이 보너스로 이어졌습니다. 이래서 인생이 재밌나
봅니다. 보너스 육아휴직! 이제 다시 시작입니다.

5장

아빠의 육아휴직은
투 비 컨티뉴

인생에는 서두르는 것 말고도

더 많은 것이 있다.

마하트마 간디 *Mahatma Gandhi*

26.

쌀독에 쌀이 없어도 고!

2024년 푸른 용의 해 갑진년이 찾아왔습니다. 부부 모두 회사 복직을 6개월 미루면서 심적 부담감은 꽤 덜어냈고 가벼운 마음으로 새출발을 할 계기도 마련했습니다. 일단 아이와 긴 시간을 함께할 수 있다는 사실이 가장 기뻤고 더불어 아내와 더욱 성숙한 육아를 할 수 있다는 기쁨도 더해졌습니다.

쌀독에 쌀이 없어도 고! – 눈이 온 어느 날, 아이와 산책 중

　모든 것이 다 만족스러운데 딱 한 가지 걸리는 문제가 하나 있었습니다. 역시나 돈입니다. 2023년 9월을 기점 으로 아내는 육아휴직 급여가 더는 나오지 않는 상황이었 고, 제 경우도 2023년 12월까지만 급여가 나오게 돼 복직

전까지 예정된 수입이 없다는 게 가장 큰 문제였습니다. 처음 육아휴직 계획도 '1년만 육아휴직 한다.'라는 생각으로 현금흐름을 만들었기 때문에 추가로 연장한 육아휴직에 대한 가계 운영 계획은 애초에 없었습니다. 육아휴직 연장은 과연 충동적인 선택이었을까요?

가계를 책임지는 살림꾼 역할을 맡은 입장에서 당장 어떤 돈을 추가로 가용할 수 있을지 고민했습니다. 혹시 모를 상황에 대비해서 안 그래도 적은 육아휴직 수당을 쪼개 모아둔 비상금과 보유한 주식 등의 일부를 매도하면 버틸 수 있을 것 같았습니다. 육아휴직을 연장하게 된 건 오롯이 혼자만의 선택이었기에 '그냥 버틸 수 있는 데까지 버텨보고 정 안되면 복직하자.'라는 심산도 당연히 있었습니다. 그래도 "못 먹어도 고!" 한번 외쳐봤습니다.

최후의 보루로 한동안 손대지 않았던 마이너스 통장의 문을 두드릴 가능성도 열어뒀습니다. 아내와 다시 한번 머리를 맞대고 수입과 지출 계획을 세웠습니다. '뭐든

지 사람 마음먹기에 달렸다.'라는 말이 있습니다. 그 말이 딱 맞습니다. 짠돌이, 짠순이 DNA를 탑재한 저희가 더 알뜰하게 살아가려고 하니 또 다른 절약력이 발동했습니다. 밤에 촛불 켜놓고 생활했다거나 그런 건 아니고, 불필요한 지출을 최대한 지양하고 꼭 필요한 것들만 소비하는 생활을 하게 됐습니다.

실례로 아내는 기존에 사용하던 알뜰폰에서 더욱 가성비 있는 알뜰폰 요금제를 찾아서 바꾸기도 하고, 제 경우 집에 꽂혀 있는 책이나 물건들을 중고거래 플랫폼에 지속해서 판매하는 등의 방법으로 새로운 수입을 창출하기 시작했습니다. 더불어 장모님 그리고 어머니께서 주시는 반찬도 알뜰살뜰 챙겨 먹었습니다. 이따금 필요한 거 없는지 물어보실 때면 마치 기다렸다는 듯이 "엄마! 장모님! 장조림, 달걀 필요해요."라며 철판 깔고 대놓고 말하기도 했습니다. 결론적으로 동반 육아휴직 연장 기간에는 정말 스크루지 저리 가라 할 정도로 짜임새 있게 가계를 운영했습니다.

이쯤 되면 '부모님께 손을 벌리진 않았을까?' 하는 분도 계시리라고 봅니다만 맹세코 양가 부모님께 손 벌린 적은 한 번도 없습니다. 그래서 부부의 육아휴직이 더욱 의미 있고 자랑스럽게 느껴집니다.

다행히 육아용품 구입비, 기본적인 생활비 외에는 따로 지출할 거리가 크게 많진 않았습니다. 출근할 일이 없으니 옷을 새로 구매할 일도 없었고, 밥은 집에서 해 먹으면 되는 일이었고, 교통비도 일절 걱정할 필요가 없었습니다. 아기에게 해줄 수 있는 부분은 최대한 지원하고 부부가 아낄 수 있는 부분은 최대한 절약하면서 생활했습니다. 사람 사는 거 사실 별거 없다고 생각합니다. 남과 비교만 하지 않는다면 진정으로 행복한 삶을 살 수 있습니다.

2024년 한겨울의 1월, 돈이 뚝 떨어졌던 이 시기에 저는 오히려 행복했습니다. 또다시 월급과 육아휴직을 맞바꾼 격이 됐던 셈인데 후회는 여전히 없습니다. 당시 수입 없는 6개월 정도는 왠지 버틸 수 있을 것 같은 근자감(근

거 없는 자신감)도 있었고 퇴사한 것도 아닌 단지 휴직 연
장에 불과했으니 말입니다. 이 정도의 기간은 돈과 충분
히 맞바꿀 수 있다며 정신 승리를 이어갔습니다.

무료 키즈카페가 있다?

아이들이 정말 좋아하는 키즈카페. 달에 한두 번 정도는 갈 수 있
겠지만 아이와 매번 가기 힘든 곳이 바로 키즈카페입니다. 아이 한
명에 보호자 한 명 기준으로만 잡아도 돈 3~4만 원은 우습게 깨지
는 곳이기도 하니 말입니다.

최근에는 공공형 키즈카페가 많이 생기는 추세지만 아직은 보편화
되지 않은 편이고, 예약 경쟁도 높아 방문하기 여간 쉽지 않은 곳
이 공공형 키즈카페이기도 합니다. 추가로 소정의 비용도 발생하고
말입니다.

혹시 무료인 키즈카페가 있다면 어떨까요? 세상에 그런 곳이 어디
있을까요? 네, 있습니다. 바로 교회입니다. 요즘에는 교회에서 키즈

카페를 무료로 운영하는 곳이 많아지고 있습니다.

제가 사는 지역에도 두 곳의 대형교회에서 아이들을 위한 키즈카페를 운영하고 있습니다. 예약만 하면 언제든 아이와 갈 수 있는 곳이어서 육아휴직 중 아내와 자주 방문하곤 했습니다. 비용은 당연히 무료이며 교회를 등록해야 이용할 수 있는 것도 아니고 아이를 키우는 부모라면 누구나 이용 가능합니다.

주변 대형교회에서 운영하는 키즈카페를 찾아보시기 바랍니다. 육아휴직 중 아이에게는 신나게 뛰어놀 수 있는 환경을, 부모에게는 지출 방어라는 목적을 달성하는 데 큰 도움이 될 것입니다.

아빠의 육아휴직은 투 비 컨티뉴

27.

이럴 때 빛나는 육아휴직

 2022년 12월, 딸아이의 구순열 수술 이후 병원에 드나드는 일은 한동안 없었습니다. 수술 경과도 좋고 회복도 원만히 이루어지는 상황이었으며, '수술 이후 딸아이가 더욱 강해진 건가?' 싶은 생각이 들 정도로 다른 아이들보다 상대적으로 잔병치레도 덜 한 편이었습니다. 수술 이후 일 년간 검진을 위한 병원 방문을 제외하고 소아과도 한두 번 간 게 전부인 아이였으니 '우리 아이 정말 생각보다 건강한 녀석이었구나!' 확신했습니다. 이제는 정말 건강하게 자라는 일만 남았다고 생각했습니다.

온종일 시선을 아이에게 집중하던 아내도 그렇게 조금씩 마음의 여유를 되찾아 갔습니다. 아파트 단지 내 또래 아이를 기르는 엄마를 알게 돼 가끔 만나 수다도 떨고 외출도 하며 평온한 날들을 보냈습니다. 그러던 어느 날, 아내가 약속이 있어 아이와 단둘이 함께 있는 날이었습니다. 이제 저도 혼자서 아이를 돌볼 수 있는 상태가 됐고 아이도 엄마의 부재에 크게 불안해하지 않았습니다. 아빠인 저는 그저 '어떻게 놀아줄까?' 하는 생각에만 여념이 없었습니다.

아이와 밖에서 신나게 놀고 들어와 목욕도 말끔히 시키고 저녁을 함께 먹었습니다. 어느 때와 다름없는 저녁을 보내고 잠자리에 누웠습니다. 조금 뒤척이던 아이는 이내 잠들면서 오늘 하루도 무사히 끝나는구나 싶었습니다. 아이가 깊은 잠이 들 무렵 아내가 집으로 돌아왔습니다.

식탁 조명 아래 오늘은 어떤 하루 보냈는지 아내와 도란도란 이야기하고 있을 찰나, 갑자기 방에서 아이 울음소리가 들려오기 시작했습니다. 방문을 열고 들어가 보니 아이는 저녁에 먹었던 것을 이불에 게워 내고 있었습니다. 놀랐을 아이가 걱정돼 괜찮다고 다독여 주며 진정시켰습니다. 바로 몸도 씻기고 이부자리도 새것으로 갈아줬습니다. 평소에 가끔 속이 불편해 게워 내던 경우도 있었으니 괜찮으리라 생각했습니다. 다시 잠든 지 얼마 지나지 않아 뒤척이던 아이가 이내 다시 구토하기 시작했습니다. 한 번은 그럴 수 있는데 그렇게 두 번 연속이나 구토를 해본 적은 없는 아이였습니다. 이물감 제거를 위해 물을 먹여보기도 했지만 바로 토해내기를 반복하며 아이는 결국 밤새 댓 번 넘게 게워 내며 잠을 이루지 못했습니다. 나중에는 아이가 더 게워 낼 것이 없어서 신물이 나왔습니다.

난생처음 겪어보는 상황에 저희 모두 굉장히 놀랐고 당황했습니다. 아이가 어디가 아픈지 바로 알아내지 못해 미안했고 바로 응급실에 데려가지 못한 미흡한 결정에 부모로서 또 미안했습니다. 그렇게 전전긍긍하다 저희 부부는 다음 날 아침이 돼서야 맥이 빠져 축 처진 아이와 함께 소아과를 방문하게 됐습니다. 그날따라 진료받는 아이들이 어찌나 많던지 1시간여를 기다린 끝에 드디어 의사 선생님을 뵐 수 있었습니다.

의사 선생님께서 말씀하셨습니다. "바이러스성 장염이네요. 탈수 증세도 심해 보입니다." 어른에게는 이따금 찾아오는 장염이 아이에게는 정말 치명적인 질환일 수 있다는 걸 이날 처음 알았습니다. 3세 이하의 아기들은 아직 충분한 면역력이 형성되지 않아 모든 면에서 취약합니다. 설령 아이가 물을 마시고 구토하더라도 적게나마 수분을 계속 흡수하게 했어야 탈수 증세가 덜 했을 거라는 말도 덧붙이셨습니다. 왜 진작 응급실에 가지 않았을까? 탈수 증상이 오리란 생각은 왜 하지 못했을까? 저희 부부의 완벽한 오판이었습니다.

밤새 구토하고 소아과에서 오랜 대기로 인해 지친 이 녀석은 목을 가눌 힘도 없어 보였습니다. 입안이 마른 아이에게 물을 한 모금 주니 단번에 벌컥 들이마시며 더 달라고 울어댔습니다. 갑자기 많은 양을 물을 한꺼번에 주면 아이에게 안 좋을 수 있다고 해서 물을 많이 줄 수도 없었습니다.

딸아이의 탈수 증세가 심한 상황이어서 바로 수액을 맞기로 했습니다. 아이 혈관에 주삿바늘을 꽂으려고 하니 "몸에 수분이 없어 혈관 잘 보이지 않네요."라는 간호사님의 말이 이어졌습니다. 팔, 다리 혈관이 있는 위치를 달리해 네댓 번 찔러도 쉽게 혈관이 잡히지 않았습니다. 그 사이 아이는 진전되지 않는 상황에 울며 지쳐갔습니다. 오랜 시간 수분을 섭취하지 못한 탓에 탈수 증세는 더 심해졌습니다.

마시는 수액이 있다?

아기가 구토하거나 잦은 설사를 하는 경우, 몸 안에 수분이 빠져나가면서 탈수 증상을 겪을 수 있습니다. 이에 대비해 저희 부부가 추천하는 제품이 하나 있습니다. 바로 '마시는 수액'입니다. 탈수 증상이 보이는 아기에게 수액을 먹여 간단한 응급조치가 가능합니다. 마시는 수액은 약국에서 쉽게 구할 수 있고, 처방전 없이도 구매 가능하니 집안에 구비해 놓으면 든든하실 겁니다.

　이대로는 안 되겠다 싶어서 큰 병원으로 이동해야겠다는 늦은 결정을 내렸습니다. 혈관이 잡힐 때까지 소아과에 계속 있을 수도 없는 노릇이고 아이를 얼른 살려야겠다는 의지만 남았습니다. 의사 선생님의 소견서를 받아 급하게 근처 부천에 있는 순천향대학병원으로 이동했습니다. 그날은 마침 비가 몹시 세차게 내리는 날이었습니다.

　아내의 출산을 위한 응급실 방문 이후 생애 두 번째로 응급실을 방문하게 됐습니다. 응급실. 그렇게 달갑지는 않은 곳입니다. 다행히 아이는 오랜 대기 없이 소아병동 응급실로 이동해 수액을 맞을 수 있었습니다. 참고로 대형 병원은 아기 환자들의 혈관을 잡기 위한 미세한 바늘을 별도로 보유하고 있다고 합니다. 이렇게 쉽게 해결될 걸 알았다면 진작에 왔어야 했습니다. 긴 시간 동안 아이의 고통과 아픔을 방관한 것 같아서 부모로서 정말 미안했습니다. 말도 못 하는 딸아이가 얼마나 힘들었을지 가늠조차 되지 않았습니다.

아이는 결국 병원에 입원해 일주일간 치료를 받았습니다. 이번에도 엄마인 아내가 보호자를 자처했습니다. 아이 면회를 갈 때마다 점차 회복되는 딸을 보니 무거웠던 마음이 한결 가벼워졌습니다. 그렇게 아이는 태어난 지 2년이 채 안 된 시점에 두 번이나 큰 병원에 입원하게 된 이력을 갖게 됐습니다. 부모인 저희가 조금 더 빠른 결정을 내렸다면 이런 일까지는 없었을 텐데 싶으면서, 한편으로는 아이가 입원한 두 번의 시기에 저희 모두 함께할 수 있어 다행이라 생각했습니다. 아마 회사를 다니고 있었더라면 일도 손에 제대로 잡히지 않고 아이 돌보기도 제대로 이루어지지 않는 상황에 놓였을 테니 말입니다.

퇴원 후 두어 달이 지나 딸아이는 한 번 더 병원에 입원하게 됐습니다. 감기 기운이 있는 것 같아 병원을 찾았더니 '중이염' 정도가 심해 입원에 이르게 된 것입니다. 아이 키우는 일은 정말 어느 것 하나 종잡을 수가 없는 것 같습니다. 앞으로 이런 일이 다시 일어나지 않으리란 법은 없습니다. 저희 부부 모두 회사에 복직하게 됐을 때 이런 일이 당연히 생길 것입니다. 그래도 경험한 바가 있고 배운게 있으니 조금 더 빠른 결정을 할 수 있겠다는 생각이 듭니다. 꼭 경험하고 나서야 세상은 저희에게 정답을 알려주는 것 같습니다. 미리 알려주면 더 좋았을 것 같은데 말입니다.

부부가 함께한다면 응급상황이든 어떤 상황이든 빠르게 대처할 수 있었습니다. 한 명보다 두 명이 함께할 때 더욱 강력한 힘을 내는 것이 육아입니다. 부부 중 어느 한 명만 하는 육아는 외롭고 지칠 가능성이 농후합니다. 아이를 낳았다면 동반이든 교대든 어떤 식으로든 아기를 위해 그리고 서로를 위해 육아휴직 꼭 한번 고민해 보시기 바랍니다. 무엇보다 아이를 위해서 말입니다.

28.

우리 딸, 생애 첫 어린이집

　노란 개나리가 지천으로 피어 있는 2024년 3월의 봄이 찾아왔습니다. 저희 아이에게는 세상에 태어나 '어린이집 등원'이라는 또 다른 시작과 도전을 알리는 달이었기도 합니다. 이제 딸아이도 어엿한 사회구성원으로서 집이라는 익숙한 공간을 벗어나 어린이집이라는 새로운 공간에서 선생님과 친구들을 만나며 사회를 배워나갈 시간이 찾아온 것입니다.

아이가 다니게 될 어린이집은 시에서 운영하는 곳으로 차량으로 10분 내외 거리에 있는 곳이었습니다. 아내는 상담 차원에서 단지 내 또래 아이를 키우는 엄마와 함께 미리 방문하게 됐고, 저도 아이가 사회를 배워나갈 공간이 무척이나 궁금해 개학 며칠 전 어린이집을 따로 찾아가 보기도 했습니다.

어린이집을 보내기 몇 주 전부터 저희 부부는 과연 '우리 아이가 어린이집에 잘 적응할 수 있을까?'라는 걱정을 달고 살았습니다. 물론 "잘 해낼 거야!"라고 입 밖으로 연신 내뱉긴 했지만 건너 듣기로 등원할 때 아이가 엄마와 안 떨어지려고 한다는 얘기도 들었고, 한편으로 쑥스러움이 많은 우리 아이가 다른 친구들과 잘 어울릴 수 있을지 의문이었습니다. 이런 부모의 걱정을 아는지 모르는지 저희 딸아이는 혼자 신나게 방 안을 이리저리 뛰어다니기만 했습니다. 결론은 부딪혀 봐야 아는 것이었습니다.

2024년 3월 4일, 대망의 어린이집 첫 등원 일이 다가왔습니다. 드디어 어린이집에 아이와 함께 도착했습니다. 아이가 어린이집에 다니는 모습이 그렇게도 보고 싶어 육아휴직을 연장했는데, 딸아이의 손을 잡고 어린이집에 들어가는 순간이 감격스러웠습니다. 어린이집에 등원하는 첫 주는 아이가 어린이집에 원만히 적응할 수 있도록 부모가 아이와 함께 등원하도록 안내받았습니다. 첫째 날에는 1시간, 둘째 날에는 2시간, 셋째 날에는 3시간 이런 식으로 어린이집에 머무는 시간을 늘리면서 아이가 어린이집에 적응할 수 있도록 도와주는 것이 부모의 임무였습니다.

아이가 다니게 될 영아반의 경우 총 3개의 반이 있었는데 3개 반이나 되는 아이들의 부모가 한 공간에 모이니 교실이 북적거렸습니다. 함께할 선생님과 인사를 나누고 주변을 살펴봤습니다. 엄마와 함께 등원한 아이들이 대부분이었고 간혹 아빠와 함께 등원한 아이도 보였습니다. 부모 모두 등원한 가정은 저희밖에 없었습니다. 부부 모두 아이와 등원하는 게 제가 봐도 더 이상해 보이긴 했습니다.

우리 딸, 생애 첫 어린이집 – 어린이집에서 야외활동하는 호떡이

그럼, 어린이집을 첫 등원하게 된 아이는 어떤 반응이
었을까요? 부모가 옆에 착 붙어 있어서 그런지 생각보다
아이는 평안해 보였습니다. 누가 알려주지도 않았는데,
교실 주변을 이리저리 관찰하고 새로운 장난감도 만지작
만지작하면서 어린이집에 대한 적응을 시작하는 듯했습

니다. 이곳저곳을 기웃거리는 아이가 왠지 모르게 대견해 보였습니다.

　가만히 앉아 있기 뻘쭘해 교실을 나와 아이가 생활하게 될 공간을 하나씩 살펴봤습니다. 교실에는 조그맣고 귀여운 책상과 의자들이 놓여있고 화장실에는 낮은 세면대가 줄 맞추어 배치돼 있었습니다. 어린이집 앞에 있는 놀이터에는 아이들이 마음껏 뛰어놀 수 있는 공간이 마련돼 있고, 기구도 아기자기하게 조성돼 아이들의 흥미를 불러일으키기 충분해 보였습니다.

　당일 개학식을 마치고 난 이후에도 아이와 함께 며칠간 등원과 하원을 반복했습니다. 그렇게 한 주간의 적응 기간을 마치고 이제 정말로 아이 홀로 어린이집에 머물러야 하는 시간이 찾아왔습니다. 부모가 아이를 어린이집까지 데려다줄 수는 있지만, 교실에는 함께 들어갈 수 없게 된 상황이 됐습니다. 부모와 한 번도 떨어져 본 적 없는 아이가 이제 선생님, 친구들과 함께하며 홀로 사회생활을 시작할 시간이 찾아온 것입니다.

　딸아이는 의외로 첫째 둘째 날, 부모 없이도 어린이집에서 울지도 않고 잘 보냈습니다. 뭣도 몰라서 곧 엄마나 아빠가 오겠지 싶었던 것 같습니다. 그런데 홀로서기 셋째 날부터는 등원해서 많이 울었다고 합니다. 이 시간쯤 되면 엄마가 사라진다는 걸 본능적으로 알았나 봅니다. 그 후 며칠간은 엄마가 아이와 함께 등원해 교실에 함께 있다가 아이가 잘 놀고 있다 싶을 때쯤 살짝 빠져나오는 방식으로 아이의 어린이집 홀로서기를 도와줬습니다.

　함께 등원해 같이 있던 엄마가 감쪽같이 사라지는 마법을 경험한 아이는 며칠간 엄마와 떨어지지 않으려고 울고불고 난리였지만 이내 시간이 해결해 줬습니다. 나중에는 딸아이 혼자서 손을 흔들며 엄마를 배웅해 주기까지 했으니 말입니다. 그렇게 아이는 조금씩 성장하고 있었습니다. 그 성장 과정을 옆에서 지켜볼 수 있어서 정말 행복했습니다.

29.

육아휴직 안 했으면 억울할 뻔했다

아이가 어린이집에 다니게 되면서 원에서 부모와 함께 하는 행사가 생각보다 많다는 것을 알게 됐습니다. 회사 다녔으면 제대로 알지도 못했을 여러 행사에 아빠 없이 참여했을 아이의 모습을 상상하니 미안한 마음이 먼저 들 었습니다.

봄에는 가족과 함께하는 걷기대회 행사에 참여해 엄마 그리고 아이와 손잡고 공원을 크게 한 바퀴 거닐기도 하

아빠의 육아휴직은 투 비 컨티뉴

고, 5월의 어느 날에는 어린이집에서 주최하는 야시장 행사에도 참여해 자장떡볶이도 먹고 어묵도 먹어보며 알찬 시간을 보냈습니다. 아이가 어묵 꼬치를 그렇게 좋아하는지 몰랐습니다. 그렇게 부모가 참여하는 행사는 대부분 빠지지 않으려 했습니다. 얼마 남지 않은 회사 복직을 앞두고 아이와 함께 할 수 있는 날들에 감사하며 정말 열심히 참여했습니다.

어린이집에서 진행했던 수많은 행사 중에 유독 '아빠와 함께 등원하는 날'이라는 행사가 기억에 남습니다. 회사 업무 등으로 아이와 함께할 시간이 없는 아버지들을 위해 마련된 행사로 2주간 아이와 함께 등원하며 새로운 추억을 만드는 것에 목적을 두었습니다.

2주간 이어지는 기간 동안 한 번도 빠지지 않고 아이와 등원하면 소정의 선물도 준다고 하니 의욕이 생겼습니다. 그렇게 2주간의 도전이 시작됐습니다. 실제로 해당 첫 주에는 아이와 함께 등원하는 아빠들의 모습을 많이 보기도 했습니다. 아이와 등원한 아빠들을 위해 선생님들은 추억을 간직할 수 있도록 즉석카메라로 사진을 찍어주기도 하는 등 여러 이벤트를 많이 진행했습니다. 매일 등원할 때 아이와 함께하는 엄마들의 모습만 보다가 등원시키는 아빠들을 보니 저도 신기하고 동질감도 들었습니다. 아이에 대한 아빠들의 마음 또한 엄마 못지않게 충만하니 말입니다.

이틀 사흘이 지나며 아빠와 등원하는 가정이 서서히 사라졌습니다. 일부러 그랬을 아빠는 세상에 단 한 명도 없었을 것이고, 회사 눈치가 보이니 매일 아이 등원시키기 쉽지 않았을 겁니다. 저 또한 아이 등원을 직접 해보니 의미가 남다르게 다가왔습니다. '등 · 하원이 뭐 그렇게 대수롭다고….' 하며 별것 아닌 것처럼 생각하실 수도 있습니다만, 아이와 함께하면 뭐든 특별해집니다. 등원하며 제게 '안녕.'하며 손 흔드는 모습, 하원 시 "아빠!" 하며 달려오는 아이 모습은 평생 간직할 수 있는 추억이 됩니다. 회사에 있었다면 이런 순간을 제대로 맛보지 못했을 겁니다. 그냥 전래동화 듣는 것 같이 아내에게 딸아이의 어린이집 소식을 간헐적으로 들었을 것입니다. 육아휴직 안했으면 정말 억울할 뻔했습니다.

총 2주간 펼쳐진 아빠와 등원하는 날 미션은 결국 실패했습니다. 아이의 감기로 인해 며칠간 어린이집 등원을 할 수 없었기 때문입니다. 미션도 실패하고 선물도 못 받았지만, 기분만큼은 정말 좋았습니다. 아이와 함께 등원할 수 있다는 사실 자체가 행복했습니다. 육아휴직이 없었다면 절대로 알 수 없었을 일상의 작은 기쁨을 재확인했습니다.

육아휴직을 비롯해 유연 시간 근무제, 육아시간 등 맞벌이하는 가정을 위해 다양한 육아 지원책이 마련되고 있지만, 여전히 육아하기에는 어려운 환경입니다. 이는 필수가 아닌 선택사항이기 때문입니다. 혹시 '무조건'이라는 단어를 앞에 명시하면 어떨까요? '무조건 육아휴직 사용해야 함.' 이런 식으로 말입니다. 그럼, 육아휴직자의 빈자리는 어떻게 할까요? 당연히 볼멘소리가 나올 테니 말입니다. 업무에 익숙한 기간제 근로자 등의 인력풀을 구성해 보면 어떨까요? 인건비 등은 차치하고서라도 말입니다. 말도 안 되는 소리겠지만 변화하는 환경에 우리 사회도 적응해야 하지 않을까 싶습니다. 육아하는 가정을 위해 조금 더 여유로운 환경이 되길 다시 한번 바라봅니다.

30.

금쪽같은 6시간

딸아이가 어린이집 등원하게 되면서 부부에게 '여유'라는 녀석이 찾아왔습니다. 어린이집 선생님들께서 오전 9시 반부터 오후 3시 반까지 아이를 돌봐주신 덕분에 하루 6시간 정도 저희 부부 모두 잠시 숨 돌릴 여유가 생겼습니다.

갑작스러운 자유시간에 처음에는 좀 얼떨떨했습니다. 종일 아이와 함께하며 아이를 밥 먹이고 놀이터에서 놀고 있을 시간이었는데 떡하니 자유시간이 주어졌으니 말입니다. 집안을 헤집고 다니던 아이의 발소리도 들리지 않고, 항상 부산했던 집안이 조용하니 처음에는 좀 어색했습니다. 그동안 우리가 아이와 정말 많은 시간을 붙어 있긴 했었구나 싶었습니다. 1년이 넘는 시간을 종일 아이와 붙어 있었으니 그럴 만했습니다.

아이가 어린이집에 씩씩하게 등원을 해준 덕분에 오랜만에 아내와 여유로운 시간을 함께 보낼 수 있었습니다. 아이를 어린이집에 보내고 돌아와 식탁에 앉아 도란도란 이야기 나누며 밥도 먹고, 밀린 빨래 그리고 청소까지 했는데도 정오가 지나지 않았습니다.

오랜만에 주어진 자유시간, 저희는 어떻게 보냈을까요? 둘만의 소소한 데이트를 즐겼습니다. 카페 가서 여유롭게 커피 한잔 마시며 시시콜콜한 이야기부터 미래에 관해 이야기도 하는 등 밀린 대화를 한껏 나눴습니다. 아이와 같이 있을 때는 상상도 할 수 없었던 대화 같은 대화를 나눌 시간이 허락됐습니다.

아이와 함께 있는 시간도 정말 행복하지만, 아내와 둘이 노는 것도 사실 정말 재밌습니다. 저희 아내가 되게 웃긴 사람입니다. 성대모사도 잘하고 흉내도 잘 냅니다. 오랜만에 연애하던 시절로 되돌아간 것 같은 느낌이 들었습니다. 서로만 마주 보고 살다 아이가 태어나면서 부부의 시선이 한 아이에게 집중되며 서로에게 소원하지는 않았는지 되돌아보는 시간도 마련됐습니다.

아이가 태어난 이후 부부 모두 아이에게만 온 신경을 쏟다 보니 배우자에게 소원한 날도 분명히 있었을 것입니다. 오랜만에 이런 얘기를 툭 터놓고 하니 오해가 있었던 부분은 풀리고, 서로를 더욱 이해하고 배려할 기회가 마련됐습니다.

아이 덕에 한동안 금기시했던 고춧가루 팍팍 들어간 매운 짬뽕도 사 먹고, 도서관에 들러 평소에 읽고 싶던 책을 읽는 시간도 가졌습니다. 아내와 살면서 도서관 데이트는 한 번도 해본 적 없었는데 딸아이 덕분에 도서관 데이트도 해보게 됐습니다. 아이 육아하면서 한동안 잊고 살았던 여유를 찾을 수 있는 순간이었습니다.

아내와의 소소한 일상 데이트 이후에는 하원 시간에 맞춰 아이를 데리러 가곤 했습니다. 해맑게 웃으며 부모에게 달려오는 아이를 보며 아내와 함께할 수 있는 기회를 선사해 준 아이에게 감사했습니다. 회사에서 일만 하고 살았다면, 아니면 교대로 육아휴직에 임했었다면 절대 알 수 없을 법했던 여유 그리고 아내에 대한 사랑을 다시금 일깨워 줬으니 말입니다.

언젠가 아이가 장성해 다시금 삶에 여유가 찾아왔을 때, 아내와 함께 이 시절의 추억을 다시금 꺼내놓고 함께 이야기 나누고 싶습니다. '네 녀석 덕분에 우리가 다시 서로를 아끼고 사랑할 줄 알게 됐다.'라고요.

31.

후회 없는 18개월

봄을 알리는 3월을 시작으로 벚꽃이 만개하는 4월을 지나 가정의 달 5월까지 보내고 나니 어느새 진한 연둣빛 잎사귀들이 손을 흔들어 대는 6월이 성큼 다가왔습니다. 속도감 있는 계절의 변화만큼 굳건했던 저희 가정의 일상에도 변화가 생길 시간이 다가왔습니다. 부부 모두 복직할 시기가 코앞으로 다가온 것입니다.

5월의 어느 날이었을까요? 회사에서 '복직 희망자 수요

조사 안내' 메시지가 날아왔습니다. 드디어 올 게 왔다 싶었습니다. 휴직 기간을 더는 연장하기는 힘든 상황이었고 부부 각자가 가진 남은 육아휴직은 향후 아이가 초등학교 입학할 시기에 사용할 예정이어서 미련 없이 부부 모두 복직하는 것으로 결정했습니다. 때마침 통장 잔액도 바닥을 보였습니다.

후련하게 부부 모두 복직원을 제출했습니다. 후회도 아쉬운 것도 없었습니다. 그와 동시에 육아휴직 들어오기 전의 제 모습을 다시금 떠올려 봤습니다. '긴장되고 두려웠다.'라는 한 문장으로 정리됐습니다. 처음에는 '말도 안 된다.'라고 생각했고 색안경을 끼고 비관적으로 바라봤습니다. 그렇게 고리타분한 저도 육아휴직 예찬론자로 변했습니다. 아이와는 깊은 친밀감을 형성하고 아내와는 공동 육아를 통해 서로를 더욱 존중하게 되는 등의 엄청난 효과들이 있었습니다.

1년 6개월이라는 육아휴직 기간, 아이와 상상할 수 없는 엄청난 시간을 함께했습니다. 수술 이후 아이의 회복 과정에 함께 했고 하루가 다르게 성장하는 딸아이의 모습을 온종일 볼 수 있었습니다. 아이가 걷게 된 순간, 아빠라고 말해 준 순간 그리고 아이가 어린이집이라는 작은 사회에 참여하는 모든 과정에 함께 했습니다. 이 사실만으로도 이번 '육아휴직 시즌 1'은 성공한 셈이었습니다.

한편으로 아내와는 공동육아를 통해 끈끈한 육아 전우애를 형성했습니다. 싸우기도 많이 싸우고 웃기도 많이 웃으면서 서로에 대해 더 깊이 알아가는 기회였습니다. 엄마로서의 아내가 얼마나 대단한 사람이었는지 제 눈으로 확인했고 육아가 얼마나 힘든 일인지도 직접 경험했습니다. 아내의 무한한 신뢰와 배려 덕분에 무사히 육아휴직을 마칠 수 있었습니다.

후회 없는 18개월 – 호떡이와 동물원에서

　부부의 생활력 또한 더욱 강력해졌습니다. 제가 가장 염려하던 돈 문제도 무리 없이 잘 헤쳐 나온 걸 보면 인간의 힘이 얼마나 대단한지, 부부의 절약력이 얼마나 강해졌는지를 새삼 느끼곤 합니다. 무일푼 거지가 된다고 해도 언제든 다시금 일어설 수 있을 것 같은 용기가 생겼습

아빠의 육아휴직은 투 비 컨티뉴

니다. 어떻게든 살면 다 살 수 있는 게 인생 같습니다. 돈이 없어도 육아할 수 있고 행복할 수 있습니다.

아이에게 추억을 선사하고 싶었던 건지 아니면 저를 위한 어떤 기록을 남기고 싶었던 것인지 정확히 모르겠습니다만, 분명한 것은 우리 가족에게 분명히 꽤 괜찮았던 시간으로 기억되리라는 점입니다. 육아휴직을 기점으로 인생에 대한 기준이 바뀌었습니다. 꼬깃꼬깃 마음 한구석에 접어놓았던 꿈을 그려보는 시간도 가졌고, 나무가 아닌 숲을 볼 줄 아는 습관도 조금은 기를 수 있게 됐습니다. 저희는 육아휴직 기간 정말 최선을 다했고 이것으로 충분히 만족합니다. 후회는 전혀 없습니다. 오히려 인생에 멋진 한 페이지를 장식한 것 같아 자랑스럽습니다.

복직 이후 오랜만에 만나게 될 업무에 삐걱거리기도 할 것이고, 모니터 앞에 온종일 앉아 전화 받고 키보드 두드릴 생각을 하니 머리가 지끈거리기도 합니다. 육아휴직으로 자리를 비운 사이 회사는 어떤 변화가 있었는지 궁금하기도 합니다. 육아휴직으로 충분한 재충전을 해냈고 아쉽지만 이제 다시 회사로 돌아갈 시간입니다. 다시 돌아올 '육아휴직 시즌 2'를 기다리며 치열하게 일에 전념해 보겠습니다.

32.

그렇게 복직을 명받았습니다

　2024년 7월 1일, 부부 모두 회사로 복직하게 됐습니다. 아내는 동사무소로 발령을 받았고, 제 경우 구청의 어느 한 부서로 발령받아 부부 모두 직장인의 위치로 돌아왔습니다. 쉴 새 없이 울려대는 전화벨 소리와 새로운 업무에 적응하기까지 두 달여 정도의 시간이 필요했습니다.

　부부가 휴직으로 자리를 비운 동안 회사에서는 많은 변화가 있었습니다. 특히 육아에 대한 인식이 많이 개선된

점에 주목했습니다. 아이를 키우는 부모에게 주어지는 육아휴직이나 육아시간(육아기 근로 시간 단축제) 사용하는 분들도 눈에 띄게 많아졌고, 눈치 보지 않고 육아 관련 제도를 사용할 수 있는 환경이 조성되어 가고 있습니다. 저희가 속한 자치구만 해도 육아시간 사용을 권장하는 추세입니다. 놀랄 수밖에 없는 변화입니다. 이에 발맞추어 저희 부부도 업무에 지장을 미치지 않는 선에서 굉장히 유용하게 사용하고 있습니다.

정부에서도 지난 7월 공무원 복무규정을 개정하며 육아 친화적인 근무 환경 개선에 힘을 보탰습니다. 육아시간의 경우, 기존 5세 이하의 자녀를 둔 공무원에 한해 24개월의 범위에서 육아시간을 사용할 수 있었지만, 이번 개정을 통해 만 8세 또는 초등학교 2학년 이하의 자녀에 대해 36개월까지 육아시간 사용이 가능해졌습니다.

어느 몇몇 지자체에서는 육아하는 공무원들을 위해 주 4일제, 4.5일제 등을 시행하는 곳도 조금씩 생겨나고 있습니다. 양육할 수 있는 환경이 개선됨을 눈으로 명확히 확인할 수 있는 세상이 다가오고 있습니다. '공무원만 혜택받는 것 아니냐.'는 목소리를 내실 수도 있겠습니다만, 좋건 나쁘건 모든 제도는 공무원 조직에 먼저 적용해 볼 수밖에 없습니다. 똥인지 된장인지 공무원이 먼저 먹어봐야 국민에게 도움이 되는 제도인지 아닌지 알 수 있습니다. 분명한 것은 좋은 제도라면 분명히 일반기업으로 온기가 퍼져나간다는 것입니다.

부부 모두 복직을 한 상황에서 딸아이는 감사하게도 부모님께서 돌봄을 자처해 주셨습니다. 주중에는 부모님께서 아이와 함께 저희 집에 머무르면서 어린이집 등·하원을 도와주시고, 저희는 앞서 말한 육아시간 제도를 활용해 조금 일찍 퇴근하여 저녁 이후 육아를 도맡고 있습니다. 맞벌이하면서 육아하는 게 어디 쉽겠느냐마는 부모님의 지원 덕분에 어찌어찌 순조로운 양육 환경은 허락된 것 같습니다. 복에 겨운 소리가 맞아서 박봉 월급을 쪼개서 최대한 드릴 수 있는 부분은 매월 드리고 있습니다. 육

그렇게 복직을 명받았습니다 – 호떡이 생일날, 지하철역에서

아빠의 육아휴직은 투 비 컨티뉴

아 지원이 어려운 상황이었다면 또 그에 걸맞게 다른 방법을 분명 찾았을 테지만 말입니다.

근래에 딸아이는 아침 일찍 사라진 엄마, 아빠를 기다리며 하염없이 울기보다는 할머니, 할아버지와 씩씩하게 등원하는 모습을 보여주고 있습니다. 어린이집에서 제공하는 앱을 통해 친구들과 뛰어놀며 환하게 웃음 짓고 있는 아이 사진을 보며 조금은 안도감도 생깁니다.

그렇게 복직을 명받았습니다. 또다시 언제 육아휴직을 사용하게 될지 아무도 모르지만 아이가 정말 부모를 필요로 하는 순간에 다시 아이와 함께 해보려고 합니다. 박봉인 공무원 부부의 이야기 어떠셨을까요? 혹시나 육아휴직을 고민하고 계셨을 여러분께 작은 용기를 전달해 보고 싶습니다. 박봉인 공무원 부부가 그것도 1년 6개월이나 동반 육아휴직을 해냈다는 이야기 꼭 한번 들려드리고 싶었습니다. 저희 부부의 기록이 여러분의 가정에 작게나마 도움이 됐으면 합니다.

에필로그

아내의 권유로 동반 육아휴직을 시작했습니다. 초반에 삐걱거리던 저희 부부의 육아휴직은 시간이 흐르며 각자의 모습대로 원숙미를 갖추어 가며 이제는 부부 모두 아이를 돌보는 일에 큰 어려움을 느끼지 않는 단단한 부부가 되었습니다.

아이와 함께하겠다는 일념으로 부부가 함께 육아휴직을 하게 된 시간은 무려 18개월입니다. 처음에는 정말 무모하다고 생각했습니다. 아무도 가지 않은 길을 가려다 보니 두려움과 조바심이 먼저 엄습했습니다. 그런데 육아휴직을 안 했더라면 정말 큰 실수를 저지를 뻔했습니다. 아이와 제 관계를 스스로 밀어내고, 저희 부부가 성장할 기회를 제 발로 뻥 하고 차버릴 뻔했으니 말입니다.

육아휴직 안 했으면 정말 억울할 뻔했습니다. 제 아이가 이렇게 사랑스러운 녀석인지, 우리 아내가 이렇게 대단한 엄마였는지 속 깊게까지는 몰랐을 것입니다. 주위의 시선과 돈이라는 물질에 쫓기며 살다가 육아휴직이라는 제도로 잠시 쉬어갈 수 있는 시간을 마련해 준 딸아이에게 감사함을 표합니다.

딸아이는 수술 후 원만한 회복세를 보이며 뻔질나게 드나들던 서울아산병원과 치과는 일 년에 한 번 정기검진 받는 것으로 잠시 작별을 고하는 순간을 맞이했습니다. 수술을 묵묵히 이겨내고 웃음으로 화답하며 회복해 준 아이에게 다시 한번 진심 어린 경의를 표하며, 지금은 어린이집에 씩씩하게 다니며 엄마와 아빠 없이 홀로서기 하는 아이의 대견한 모습에 일상의 감사함을 더해봅니다.

딸아이는 이제 엄마만큼 아빠라는 말을 꺼내는 데 어려움이 없습니다. "아빠, 아빠." 하며 종종걸음으로 집안을 쫓아다니는 아이가 그렇게 사랑스러울 수 없습니다. 엄마만 찾던 아이가 이제 아빠를 그렇게 자주 찾으니, 아이와의 친밀도도 깊어졌음을 확인합니다.

한편 동반 육아휴직을 통해 사랑하는 아내와는 더욱 성숙한 부모가 될 수 있는 시간을 마련했습니다. 육아에 대한 고민을 함께하고 아이 곁에서 함께하며 더욱더 단단한 우리 부부가 되었습니다. 직접 경험해보지 못했다면 절대 알 수 없었을 육아를 함께하자고 제안해 준 아내에게 고마움을 전합니다.

저 자신에게는 어떤 변화가 있었을까요? 자신감이 붙었습니다. 회사에 얽매인 삶에서 잠시 한 발짝 떨어져 바라

보니 회사는 제 인생의 전부가 아님을 깨달았습니다. 수동적으로 인생을 사는 것이 아닌 능동적인 인생을 살아보고 싶다는 고민도 선사한 시간이었습니다. '어쩌면 회사는 내 인생의 한 과정일 수도 있겠다.'라는 생각도 꿈틀거리기 시작했습니다. 비록 꿈에 그친 상태지만 구체화하리라는 바람을 안고 회사로 복직하게 됐습니다.

글로 모두 풀어낼 수 없는 엄청난 일들이 18개월의 동반 육아휴직 기간 일어났습니다. 저마다 다른 환경이지만 만약 부부 모두 육아휴직을 사용할 기회가 있다면 주저 없이 사용해 볼 것을 권하고 싶습니다. 계획된 육아휴직을 통해 여러분만의 특별한 추억과 더불어 아이와 인생에 길이 남을 추억을 만들어 보시기 희망합니다.

어떤 영화나 프로그램이 잘 되면 시즌 2를 준비하며 새로운 시작을 알리곤 합니다. 제 인생에 의미 있었던 '육아휴직 시즌 1'을 뒤로하고 조금 더 다듬고 준비한 다음의 육아휴직 시즌 2에서 저희 부부는 어떤 행보를 보여줄지

벌써부터 기대됩니다.

　동반 육아휴직 덕분에 그저 꿈이라고만 생각했던 책까지 집필하게 됐습니다. 육아휴직을 시작하면서 제가 책까지 쓰게 될 줄 상상도 못했습니다. '시작은 미약했지만, 끝은 창대하리라.'라는 성경 구절과 같이 이 책을 보고 동반 육아휴직 생각이 드신다면 꼭 한번 도전해 보시기 바랍니다. 기회는 열려 있고 도전하는 자만 기회를 잡을 수 있을 테니 말입니다. 감사합니다.